子どものこづかいの指導

予算生活をさせよう

齋藤勝通 著

黎明書房

まえがき

いつの間にか八十路も峠を越え卒寿のふもとに生きています。亡父の年までは元気に暮らしたいものだと頑張って、先祖が残した畑に草が生えぬよう、家庭菜園に勤しむ日々です。その傍ら好きな写真や万年青の栽培そして短歌づくりに多忙な日々を元気に楽しんでおります。

ある日、隣人が「叙勲おめでとう。新聞に出ていたよ」と教えてくれまして、新聞を見て確認をした次第です。驚きました。

教職は三六年間、西尾市が三年、佐渡島が三年、そして蒲郡市が三〇年です。だから大部分が蒲郡の学校にお世話になったわけです。蒲郡南部小・形原北小・形原小・竹島小、最後が中央小学校でした。この間教諭一二年、教頭職一二年、校長職一二年です。

一生涯教員として頑張ったので、この機会に何か記念になる自分らしいものが書けないかと考えました。お世話になった蒲郡の小学校に役立つことはできないか、お返しできることはないかと迷いました。社会科の初志の会や小学館の学び方教育に取り組んできたので、何か授業について書こうかとも考えましたが、今更授業論を書いても間が抜けると思い断念しました。

そこで浮かんだのがライフワークにしている「子どもの経済観念の指導様式を求めて」でした。この中から選び出し、一冊にまとめてみました。題して『子どものこづかいの指導―予算生活をさせよう』です。

なお、以前にまとめた小論が大部分ですので、古い資料がそのまま引用してあります。社会の進歩が激しいのに、資料や引用文献は古く昭和年代のものもあり恐縮です。しかし、子どものこづかいの指導のあり方は、時代が変わろうとも変わることはありません。

子どものこづかいの指導は、こづかいを上手に効果的に、子どもの成長に役立つように、使わせる指導です。それには、こづかい帳の記録が必要であり、最後は予算生活の指導です。予算生活の指導は、子どもの個性的な主体的な人間形成に役立つ指導なのです。

こづかいの指導は家庭の理解と協力が必要です。家庭の協力が不可欠です。家庭の保護者に注文するような表現もありますが、先生方にはその意図するところを読み取って戴き、保護者の協力を得るようにお願いしたく思います。

この本が小学校の先生方に少しでも役立つことを願ってまとめたつもりです。ご参考になれば幸いです。

平成三〇年十二月十八日

齋藤勝通

目次

目　次

第8章 お年玉の指導 175

第9章　家庭の理解と協力　193

第1章

こづかいの指導の意義

こづかいの指導とは何なのか、その本質は子どもに無駄づかいさせないで上手に使わせるということですが、子どもにとってのおこづかいは、日々使うことによって楽しい充実した生活をさせるためのものでもあります。これは子どもの人間形成に関わる大事なことです。

子どもが子どもなりに持っている自己の願いを達成し、満足した楽しく充実した日々を送らせることが、こづかい指導で大事なことです。使うことによって子どもの生きがいを育てるのがこづかい指導の本質です。こづかいを使うことによって、満足し喜び励みのある日々を体験するのです。

こづかいの指導は子どもの人間形成にかかわる大事な指導です。金融広報中央委員会の前身である貯蓄増強中央委員会発行の「学校における金銭教育の進め方」では金銭教育とは何かについて次のように述べています。

1　金銭教育は、人間形成の土台となる教育です。
2　金銭教育は、「生きる力」を育てる教育です。
3　金銭教育は、消費者教育と密接に関連する教育です。
4　金銭教育は、人間の本質を大切にする教育です。

この金銭教育の四項目はそのままこづかいの指導に当てはまる大事なことです。特に1番と2番はこづかいの指導の本質です。こづかいの指導は人間形成の土台となる指導であり、「生きる力」

を育てる指導です。

日本では３番の消費者教育は消費者教育と銘打っての指導は少ないですが、関連的にはどの担任も心掛けて指導しています。学用品を大事にするなどはどの教師も心掛けていることです。こづかいの指導もこの関連的な指導には考慮すべきことです。こづかいの指導も関連的な指導が大事です。こづかいの指導を展開すれば学用品を大事に使うようになります。

４番の「人間の本質を大切にする教育」は、そのままこづかいの指導にも当てはまります。こづかいを使いたいのが子どもです。その半面、赤い羽根募金や災害募金には熱心なように、公共のために役立ちたいのも子どもです。友達の誕生日祝いもよい事例です。

１　子どもに必要なこづかいの指導

(1)　こづかいの日常化

小学校教育にこづかいの指導がなぜ必要か、それは、子どもにとってこづかいは日常化し、自分の意志で使っているものだからです。お金を使う消費者であるからこそ、効果的な使い方が求められるのです。子どもも親から与えられたお金を使う主体として消費者です。小学生といえども常にお金を使い、常に選択しています。テレビのコマーシャル、身近な商店街、スーパーで見ながら選択しているのが今の小学生なのです。

また、小学生は両親をはじめとして兄弟姉妹、折り込み広告、テレビの宣伝、自分の経験、学級仲間からの影響等々で意識するしないに関わらず、消費者としての生き方を身につけています。こういう認識があれば消費者である小学生のこづかい指導が必要なことは言うまでもないことです。

これについては、『新しい消費者教育の推進をめざして』(注1)には、次のように解説されています。「最近の小学生がもっとも欲しいものはお金とでている。」「現在の経済社会のなかで責任を持って生きていく人間形成を目指す学校教育で、『児童・生徒・学生は消費者である』ことがもっと強く自覚され、彼等がどのような経済社会の仕組みのなかにおかれているのかの知識と、その知識にもとづいて主体的に意思決定し、行動する能力を身につけさせる教育の必要性が高まっているのである、」「それには、……、ますます増幅されてきている欲望とそうでないニーズのケジメをつけたりする生活設計の基本の能力を開発しておくことが求められているのである。」

(2) 自主性を育てる

続いて、『新しい消費者教育の推進をめざして』には、「学校教育は、単なる消費者情報の投入の場ではなく、もっと基本的な意思決定の仕方、人間としての生き方の教育の場であり、人間形成の場である。しかも教師という信頼する人からの言葉を通して行われる教育であるだけに、そこで行われる消費者教育の効果はとくに大きいと言える。」と書かれています。

ここで述べられている消費者教育はまさにこづかいの指導にも当てはまることです。こづかいの指導も「基本的な意思決定の仕方、人間としての生き方の教育の場であり、人間形成の場」なのです。こづかいの指導はこのように小学校からの指導が必要であることは言うまでもないことです。

さらには、こづかいの指導は「使うことによって自己実現を図る体験で、子どもが人間としてのその主体性を確立することを目指すものである。」とあります。

こづかいの指導は「民主的な経済社会の形成とそのなかで自己実現するために」子どもが「人間としてのその主体性を確立することを目指すものである」のです。これは小学生の段階から積極的に育てることが必要なのです。

(3)　宣伝情報の社会

三つ目に考えられることとして、それは現代の子どもが宣伝情報の社会に生活している子どもたちだということです。子どもの置かれている社会環境は宣伝・情報に満ちています。毎日届けられる色鮮やかなたくさんの新聞広告があります。新聞より広告の方がはるかに多い日が続く現状です。広告は成人向けであっても、あの鮮やかさや量からすれば、子どもが無関心でいられるはずがありません。

また、テレビのコマーシャルも子どもの関心をひきつけようと懸命です。あの手この手を使って子どもの関心を集めています。

子どもの欲望は横に伝わり広がるものです。親がどれほど抑制してもダメです。子どもは親のいないところで、情報の交換をするからです。学校や遊びの集団はよい機会となっています。インターネットを利用しての通信販売もあります。小学校と言えども高学年になれば利用する子どももいるでしょう。

(4) 何でもお金で買える時代

四つ目に、いまは何でも金で買える時代であることが言えます。子どもが利用するお店も以前とは大きく趣を変えています。子どもを相手にしたお店は姿を消してしまい、お店は大人向けも子ども向けも区別がなくなっています。それだけ子どもがお店にも手を延ばしていると言えるでしょう。しかも、何でも売っている世の中です。田舎においてもコンビニが随所にあり、そこへ行けば欲しいものが何でも買える世の中です。選択の幅が大きくなり、お金も使いやすくなっています。宣伝や情報の世界がコンビニやスーパーであり、子どもの目の前に展開されており、知らず知らずのうちにお金を使っています。子どもには商品選択能力の形成も必要です。

コンビニやスーパーは小売店と違い、ありとあらゆる商品を並べて消費者の関心を集め買いやすくしています。子どもとて目移りするのは当然でしょう。何でも店頭に並ぶ時代は、何でも買える時代となっているから恐ろしいわけです。欲望の対象となる多種類の商品が並ぶ中、自分にふさわしい選択をする能力の形成は、こづかい指導にも大事なことです。

(5)　経済の仕組みの理解

最後にもうひとつ必要なわけを述べましょう。こづかいの指導を進めようとする限り、子どもといえども経済の仕組みを理解することが大事です。その理解の仕方というか理解の入り口というか、それは社会科などの知識理解と共にお金を貰う家庭のやりくりを知ることです。家庭の経済を子どもなりに年齢に応じて理解させるのです。

母親が日用品のために使うお金も、自分が貰うお金も天から降ってくるものではなく、家族の労働によって得られるものです。こういったことから家族のやりくりを学びますし、自分の欲求も自制したりします。家庭経済に対する認識はこづかい指導から始まるとも言えるでしょう。子どもはこづかいを使うことによって、あるいはこづかいを貰うことによって、そこから家庭の経済に対する理解を深めますし、このことは経済の仕組みを理解する入り口にもなります。

2　こづかいの指導の観点

(1)　使う経験を支援する

学校では、教科をはじめとして全領域でこづかいの指導に当たり、金銭の社会的な意義や物の値打ちなども理解させます。子どもはこづかいを楽しく使うことによって、日ごろの欲求を満たし、自主性や計画性を育てます。これは主体的な人間形成につながる経験であり、子どもの日常生活の社会的経済的生活の基礎的な経験です。

大事なことは子どもの望ましい人間形成にかかわる支援活動だということです。家庭には学校でなしえ得ないお金を渡す親の愛情がポイントになります。では、教師に何ができるかというと、使う経験を支援する知的理解や使い方を学ばせ、望ましい人間形成を図ることなのです。

(2) 望ましい人間形成の手段

こづかいの指導は、こづかいを効果的に上手に使うことを通して立派な社会人となるという、主体的な人間形成のための手段です。日々の生活を豊かに充実したものにするためには、こづかいをなんとなしに使うのでなく目的を持って有意義に使うことが必要で、この能力を支援するのがこづかいの指導です。このためにはこづかいを使いだす子どもの頃から、もらうこづかいを自分のお金として自分の意志で、自分の判断で、考えて使う指導が不可欠です。

望ましい主体的な人間形成を図るための、経験を積むための指導となるのがこづかい指導です。自主的な使い方を経験させてこそ、望ましい人間形成が期待されるのです。

教師は家庭と綿密な連携を取りつつ、子どもの自主性を支援したいものです。こづかいの指導は親が与える与え方が大事な決め手となります。効果的な与え方は家庭との連携が不可欠です。効果的な与え方があってこそ、望ましい効果的な使わせ方が生まれるのです。

(3)　定額制の実施

こづかいの効果的な使わせ方は、その与え方が大事です。子どもの要求するように与えていればそれなりの使い方しかできません。適切な使い方には与え方が決め手になります。無駄づかいをしなくなる与え方の一つが定額制なのです。

こづかいは、毎日与えたり、子どもが要求した時に与えたり気の向いたときに与えるのでなく、期間と金額を決めて与える方がはるかに教育的です。子どもの自主性や計画性を育てるのに役立ちます。この方がはるかに効果的なのです。

定額制の実施に当たって、発達段階を考慮すべきです。

低学年の一年生には一日いくらと一日単位で額を決める一日制の定額制がよいでしょう。これに慣れてくれば与える期間を一週間にします。

二年生には、期間を一週間制にして金額もそれに応じた金額にします。一週間の定額制です。

三年生には、期間をさらに長くして一〇日や半月ごとにします。

四年生以上の子どもには、一ヵ月制のいわゆる月給制にします。これが発達段階を考慮したこづかいの渡し方の基本でしょう。発達段階によって、渡す期間とその金額が変わってくるのです。

(4)　こづかい帳の記録

自分の使い方を振り返らせるのが、こづかい帳です。子どもとの約束で、計画的に使う期間とその金額を与えたこづかいをどのように使ったか、使い方を記録させることが大事です。使いっぱなしでは期間や金額を決めた意味がありません。期間内にどのように使ったか、振り返る資料が必要です。それがこづかい帳の記録なのです。

こづかいを効果的に使うには、子ども自身も振り返り反省する資料となりますし、反省することによって、今後の使い方を考える資料とすることができます。指導・助言する教師も、こづかいの記録がなければ具体的な指導はできないわけです。

こづかい帳は、こづかいの与え方に応じたこづかい帳が必要となります。一年生は、使った日には○、使わなかった日には×をつける簡単なものがよいです。一年生は日給制なので、カレンダー方式がよいでしょう。二年生は使った内容と金額を記入する一週間単位のこづかい帳がよいでしょう。三年生には収入・支出残高の記録で繰越金の分かる様式にしましょう。四年生以上は市販の出納簿様式のこづかい帳の指導でよいでしょう。

記録させることで不思議にも子どもは反省し無駄な買い物に気づくことができるのです。自己の消費生活を振り返り、使い方を考えさせるのがこづかい帳で、面倒だけれどつけてみてよかったという子どもを育てたいです。

3　こづかいの指導の目標

こづかいの指導は、日ごろのこづかいを使うことによって子どもの成長に役立てることをひとつの目的としています。大事なことは子どもの成長に役立つ使い方なのです。また、こづかいの指導は学年が進むにしたがって自主性を育てる予算生活の指導です。

予算生活とは「収入には限度があるので、その範囲内で支出の計画を立てる必要があり、豊かで安定した将来の生活を見通し、短期的あるいは長期的な支出計画を立て、実行、反省を繰り返し、計画的な家計管理を実践する生活」（注２）のことを言います。

予算生活は、こづかいの使い方を通して子どもを育てるまたとない機会です。

最後はお金の有意義な使い方として貯金を体験させたいものです。予算生活はその良き機会になります。今の子どもはお年玉で臨時の大金を手にするので、この期会に貯金の制度を体験させたいものです。

(1)　日々の生活の充実

現在の子どもにはこづかいなしの生活は考えられない社会に生きています。どの子どももこづかいを使って生活をしています。こづかいは「使うな」でなく、使うことによって日々の生活の充実感や生きがいを体験させることが重要です。使うことによって日々頑張る意欲を育てるのです。こづかいを使うことは自身の欲求を満足させる手段でもあり、日々楽しく充実した生活を営むことにつながります。こづかいを習慣的に使うのでなく、自分のためになる使い方を考えさせたいです。

こづかいを使うことによって日々の生活の充実を図り、意欲的な楽しい生活の体験させるのです。欲求のおもむくままに無計画に使う習慣から、使うことによって自主的なけじめのある生活をさせたいです。こづかいを使う限り、有効なお金の使い方の指導が必要になります。それがこづかいの指導です。こづかいの指導は、子どもの日々の生活の指導でもあります。こづかいの活用で意欲的なけじめのある子どもらしい生活をさせるのです。

こづかい指導は、日々の生活や学習に意欲的に取り組む活力を育てることであり、これは子どもの人間形成につながる指導なのです。

(2) こづかい帳をつける子どもの育成

こづかいの指導は、使うことによって生活を豊かにし、意欲的な頑張りのある自主的な子どもの育成を目指しますが、この指導を効果的にするには、こづかい帳記入の日常化が不可欠です。こづかいはなんとなく使ってしまうという受け身の姿勢でなく、自分に役立つ使い方を指導したいものです。日々の充実を図るこづかいでありたいです。

上手にこづかいを使わせるには面倒でも必ず記録させることです。記入することによって、こづかいの使い方についても考えるようになり、生活も充実してきます。つまり、こづかいの記入が、子どものこづかいの自主的な使い方を導くのです。こづかいの使い方はこづかい帳に表れるので、こづかい帳の記入なくしては、使い方を考え反省する資料もありません。こづかいの指導はこづかい帳の記入に始まるといっても過言ではないでしょう。

自ら内面的に自覚でき、それが楽しい々充実した生活を導き体験させるのです。こづかい帳にはその記入によって、自己の使い方を考えさせる不思議な力があります。

こづかいの効果的な使い方は、こづかい帳を忘れずにつけることですが、さらに大事なことは、こづかいの使い方を友達から学び取ることです。これには学級指導の時間にこづかい帳を資料に学級で話し合う学習が必要があります。学級でのこづかいの使い方の学習です。

担任は子どものこづかい帳をプリントして、学級指導で話し合う学習を計画しましょう。こづかいの学習は学級の子どもの使い方を話し合わせることが効果的です。上手な使い方、効果的な使い方あるいは留意したい点など、具体的に学び取れる利点があるでしょう。

こづかいの学習には子ども自身のこづかい帳が具体的な学習材料として役立ちます。自分の学級の友達のこづかいの使い方は、きわめて身近であり、指導にとってもまた話し合いにも効果的です。

こづかい帳をもとにどういう使い方が望ましいか学習します。望ましい使い方の学習は個々の子どものよき刺激となるでしょう。子どもにとって使い方を考え直すきっかけとなり、これは生活の充実につながり、人間形成に役立つ使い方の学習です。

(3) 予算生活で個性を育てる

こづかい指導の二つ目は、家庭の協力のもと、こづかい帳の日常化により日々充実した生活を体験させる予算生活の実施を指導することです。

こづかいの指導の目的は個々の子どものためになる使い方を指導することです。その究極の狙いは予算生活を子どもの生活に定着させることです。

予算生活は一定期間分のこづかいを前もってもらうので、自分の好みで使えますが、責任を伴う使い方です。そのため、予めどのように使うか、計画が必要であり、予算化の必要があります。使えるお金が手元にあることは、かえって使い方を考えさせる長所にもなるのです。

ここに子どもの自主性があります。予算化して使うところに自主性が育つのです。使うことによって自分を自己評価するわけです。ここには子どもを活かす生き方が潜んでいます。かかる経験はこづかいを使う以外には経験できないことです。こづかいが自分の意志や好み、欲求で自由に使えることほど、子どもにとっては楽しいことはほかにはありません。こづかいの指導は、子どもが人間として成長する機会です。こづかいの指導の魅力の一つでしょう。

予算生活をすれば子どもは日々に楽しみ、有意義に過ごす方法を自ら進めていくわけです。自分の好きなことやりたいこと、その中には趣味的なこともあるでしょう。趣味に使うことは子どもの生き方を作るよいことです。本の好きな子は図書費を見積もることができるでしょう。予算生活は個々の子どもの個性を育てる（伸ばす）方法の一つです。ここに子どもの自主性も育つわけです。

こづかい指導は人間形成の土台作りとも言えるでしょう。担任はこづかい帳を使い日々楽しく有意義に考え使う指導とともに、その都度もらって使うより、面倒でも予算生活を勧めたいです。

前もって約束してもらえる金額で予算生活を実践させるのがこづかい指導の本質です。こづかい指導の最後の目安であり、予算生活以外にこづかいをうまく使い、人間形成に役立たせ、生かす方法は、ほかにはないのではないでしょうか。

(4)　貯金の理解と体験

子どもには、貯金といえば貯めるだけのもので、必要な時に使えるという観念が乏しいです。貯金は貯めるだけで使えないのが子どもの考えのようでもあります。

貯金は必要な時に出して欲しいものの購入に役立つということを体験させることが大事です。まずは子どもに自分用の貯金箱を持たせるとよいでしょう。こづかいを使わなくて残した場合、子どものお金として貯金箱に入れておくよう指導するのです。

貯金箱のお金がある程度貯まってきたら、子どもの欲しがる高額の学用品や本、あるいは欲しがる遊び道具など、日ごろのこづかいでは手の届きそうもないものを買わせます。貯金箱に貯めればよいものが買えるという体験です。また、こづかいでは買えないような高額の品物が買える体験です。貯金は使えないという観念から必要な時に使えるという体験になります。学級指導などで指導するとともに、担任は保護者にも徹底するように働きかけることが肝心です。

今まであきらめていた高額な欲しいものが購入できる体験は、計画的に貯めようという観念も起きてくるから大事にしたいところです。高学年の予算生活ではあらかじめ「貯金」の予算を組むと効果的です。計画的に貯める方法です。子どもの貯金は貯めてよいもの、買いたい値段の高いものが買える体験が大事で、これによって貯める意識も変わってきます。貯めたら使うという体験をさせたいです。これが貯金の指導には重要になってきます。

貯金の指導にはまず貯金箱による指導ですが、高学年になれば金融機関の貯金を体験させたいです。子ども名義の通帳を作り、預金させ、必要な時に引き出させるのです。お年玉はその指導にとって極めて好都合なお金ということになるでしょう。

お年玉は高額な特別の収入であるので、すぐに使わず、貯金させ、そして必ず近い将来に引き出してほしいものを購入させましょう。こうして貯金の意義やありがたさを体験させたいです。お年玉は子どもに貯金を体験させるまたとないよい機会なのです。

貯金は子どもにとっては日頃のこづかいでは買えない高額のものを手に入れる一つの方法であり、こづかいの上手な使い方の一つとして身につけさせたいことです。

4　こづかいの指導の進め方

こづかいの指導において、まず、第一の原則は、こづかいの指導は全領域で指導することです。日本の小学校にはこづかいの指導には決められた領域もなければ教科もありません。それなら一体どこで指導するかですが、答えは全領域で指導することです。九つの教科・道徳・特別活動の全課程です。

教科で言えば、生活科がまず挙げられるでしょう。続いて家庭科や社会科です。それ以外の教科では指導の機会がないかといえばそうではありません。国語においても算数においても指導の機会はあります。例えば国語においては作文指導や標語を作らせる指導です。

第二に、こづかいの指導は担任が指導することです。子どもの指導は子どもを理解したうえで指導することが効果的だからです。子どもの理解なしに指導することは、空回りしたり、抽象的になったりして効果が期待できません。幸い小学校は担任制であるからこそ、指導しやすいわけです。

第三に、こづかいの指導は子どもの生活を配慮することです。教科書や副読本もないこづかいの指導は、何といっても子供の理解を優先します。学級の子どもの生活を考慮して指導事項を考えましょう。子どもの消費生活の理解が指導の出発点になります。子どもの住む地域社会にどんなお店があるのかも事前に把握しておきたいところです。このことは二番目の「こづかいの指導は担任が指導する」ことと関わってくる大事なことです。

第四に、こづかいの指導の内容と方法は子どもの発達に合わせることです。具体的にして効果的な指導をするには、子どもの理解が不可欠です。子どもの理解には、子どもはどのように成長するか、その発達の仕方を具体的に知ることが重要となってくるのです。たとえばこづかい指導の場合、子どもの経済観念はどのように発達するか、それを理解したうえでの指導こそ効果が期待できるのです。低学年のこづかいの日給制、中学年の週給制、高学年の月給制などです。

最後の五つ目は、家庭と連絡・連携が必要であることです。このことについては、他の指導では見られない家庭との連携や協力が必要となってきます。これは言うまでもないことですが、子どものこづかいの消費場面は家庭の方が多いです。こづかいの指導では家庭との協力が不可欠です。こづかいを渡すのは家庭です。こづかいの指導に限って言えばこづかいを渡す家庭が指導の主体であって、教師は導入的な指導で、むしろ支援的に助言する立場と言えるでしょう。

家庭と連絡を密にすることは、担任の指導内容を家庭にわかってもらうことです。家庭が理解することによって、担任は家庭から指導について信頼されるのです。そのため、家庭との信頼関係がこづかいの指導には不可欠なのです。

注1　『新しい消費者教育の推進をめざして』　経済企画庁国民生活局消費者行政第一課編　大蔵省印刷局発行　一九八八年

注2　「知るぽると」　金融広報中央委員会　(https://www.shiruporuto.jp/public/data/magazine/yogo/y/yosan_seikatsu.html)

第2章
子どもの経済観念の発達

こづかいの指導に当たって、まず子どもの実態を把握することです。子どもを理解しなければ、指導効果を上げることができません。教科の指導には子どもの発達段階に合わせて編集された教科書があります。しかし、こづかいの指導にはその教科書なるものが存在しません。そのため、指導の第一歩として、教師が子どものこづかいの使い方について理解することが大事になってきます。

1　子どものこづかいの使い方

子どものお金使い方については次のような分析があります。アメリカの子どもの分析ですが、日本の子どもの把握にも参考になるでしょう。（注1）

① 大部分の子どもはお金を持つことはほとんどないので、お金を使うには大人からもらわなければならない。
② 買い物の金額は高学年ほど多額になるし、買うものも豊富になる。
③ 大部分の子どもはお金の使い方について無計画であるし、またどんな物を買うか、その品質について無関心である。
④ 消費者に（子ども）品定め能力をつけさせるには、よりよい消費者を目指し、主だった注意事項を指導することである。

⑤ 子どもは家庭のお金の使い方には無関心である。
⑥ 消費者の積極性が買い物の仕方を工夫するから、効果的な使い方は子どもによい影響を及ぼし、身につけさせることができよう。
⑦ 子どもは買い物をする場合、より多くの指導の必要を感じ、それを期待しているといえよう。

これを読むと、日本の子どもにもそのまま当てはまり、こづかいの指導の必然性が読み取れます。特に3番目の「大部分の子どもはお金の使い方について無計画である」という指摘の通り、積極的なこづかいの指導が必要となってくるでしょう。

2　子どもの経済観念の発達

まず、大阪教育大学の倉知佐一教授の論文が参考になります。(注2)

児童期

児童期になると、いわゆる具体的思考ということが特徴となる。この時期は実際的な操作を伴って二つのものを比較判断したり、いろいろなものを扱いながら数を数えたりすることができる。単に暗誦としての数唱をするのではなくて、目の前のものを並べて、それを指でおさえながら勘定することによって、真の数意識ができていくのである。そして、このような場合、お金がしばしば数唱の対象になるのは自然のことであり、そのためこの発達段階での子どもたちは、10円、100円、1000円といった金銭が、それぞれにともなう数概念を基礎として、かなり具体的な形で認知される。するとそれにともなって、お金のもっている価値とか、それの重宝といった認識がいよいよ深まっていくことになる。

児童中期から後期以後

児童中期から後期以後になると、いわゆる形式的あるいは抽象思考が可能となる。金銭に関する認識も、単に現在や近き将来という範囲内での欲求充足物というだけでなく、遠い将来に対してもその便利さや有益さを保持するものとなり、貯金するということの意義がわかってくる。もちろんそれまでの段階でも、お金をもらってそれを貯めておくという行動は存在しているが、お金の真の価値や、それが社会生活で果たす機能などをよく理解した上での貯金意識はこのごろに形成されてくるのが普通のようである。しかし金銭の社会的機能に対する理解の深まりは、同時にそれの有している危険性や害悪という面にも及んでいくのは当然であろう。

前に触れた小学生の金銭意識調査では、お金は貯金するためにある、無駄使いをしてはならないといった金銭への尊崇感が上級生になるほど増え、六年生で約70%がこの種の表現をしていた。しかし同時に、金銭は社会生活での悪のもとである、犯罪の温床である、などの返答が約10%近くあったことは非常に興味ぶかい。

知的能力の発達に伴い金銭感が深まるという指摘は、金銭教育にとって一つの大事なヒントを与えています。おこづかいの指導を展開する場合、各教科の指導で知的能力を伸ばすことがこづかいの指導にとっても大切なことです。授業での知的理解の深まりととも経済観念にも発達し、こづかいの使い方も深まるのです。

もう一つ、こづかいの指導にとって参考となる大事な経済観念の発達論を紹介しましょう。オハイオ州立大学発行の「HOW CHILDREN DEVELOP」の中に「Realizing Economic Independence」すなわち「子どもの経済観念の発達」があります。（注3）

後期幼児期（年齢三—六歳）から後期青春期（年齢一六—一八歳）までを七期に分けています。ここでは、小学校に相当する前半の四期について紹介します。

後期幼児期（年齢三—六歳）

1　この年齢の終わる頃までに、大部分の子は日常使っているいろいろなコインの価値を学びます。

2　子どもたちはまた、銀行にこづかいを預金することを覚え、預金すればさらに多くのほしいものを買うことができるということを理解するようになる。

前期少年期（年齢六—九歳）

1　この年齢の子どもたちは、「なぜお金がいるのか」「私たちはどこでお金を手に入れているのか」「これはどのくらいのお金がいるのか」というような事柄を理解するようになる。
2　子どもたちは日常使われているすべてのコインの価値とお金の計算の仕方を学ぶようになる。
3　多くの子どもたちは家族の承知の上で、お手伝いによって手当を稼ぎます。そして、こづかいを使うことを通して、こづかいの予算化を理解し始めます。
4　子どもたちは家族や近所の人に対して簡単な仕事をすることによって、お金を稼ぐようになる。また、子どもたちは時に新聞や雑誌、クリスマスカードを売ります。そして買いたい物のためにお金を蓄えます。
5　子どもたちは自分のお金を出して購入した衣服や色々な持ち物に対して大事にしようという観念が芽生えだします。

中期少年期（年齢九—一一歳）

1　子どもたちは家族の経費がどのように使われているのか、を理解し始めるようになる。
2　子どもたちは特に欲しいもののためには、新聞や雑誌を販売するとか、雪をシャベルでとりのぞくとか、芝生を刈るような片手間の仕事によってお金を稼ぐようになる。
3　この年齢の多くの子どもたちは、毎月のおこづかいを上手に使うことができません。適切な助言がなければこづかい帳の記録もできません。

後期少年期（年齢一一—一三歳）

1　この年齢の子どもたちは、自分の欲求と小遣いとの関係を理解し始めます。

2　子どもたちはこづかいとか家族の収入に関して必需品と贅沢品を区別できるようになり、物価の判断ができるようになります。
3　子どもたちはお金儲けにはすごく興味を持つようになる。もしお金儲けの機会があるなら稼いでこづかいの足しにすることを体験します。
4　この年齢の子どもたちは働くことに関心があるし、特にほしいものを買うためにお金を稼ぐことができる反面、まだまだ家族の経済に依存しています。
5　お金を稼ぐ仕事を選択したり、少女への気前のよい行動が目立ち始めます。
6　この年齢の子どもたちの願望には、衣服・映画鑑賞・「飲み物コーク」があり、盗みを働くことも増加します。
7　この年齢では、家族は子どもたちの行動をコントロールするために手当をてこに使います。このような方法はかえってやぶへびになることもあります。それはお金の不足分を望ましくない方法や態度で補うようになるからです。

このアメリカの子どもの経済観念の発達を読んで思いつくことを若干指摘しましょう。

まず第一に、貯金の考え方が極端に違っています。日本は子どもがこづかいを使うようになったのは主に戦後であって、それまでは年一度の祭りか縁日ぐらいで、お金を使うような社会ではありませんでした。だから貯金は親からもらったお金をそのまま貯金するのであって、自分のこづかいから貯金することは考えられませんでした。

二つ目に、お金を稼ぐことが目に付きます。日本ではあまり考えられないことです。家の庭の芝生を刈り取ってこづかいを稼ぐということは、アメリカではごく普通に見られることのようです。

三つ目に、民主的な家庭経済というか、家庭の経済が子どもにオープンという家庭環境・社会環境が浮かんできます。中期少年期になれば「子どもたちは家族の経費がどのように使われているのか、を理解しはじめるようになる」ということは、こづかいの使わせ方にとっては極めて大事なことです。家庭の経済に対する理解が、子どものこづかいの使い方を大きく左右するからです。

さらに、中期少年期に見られる「この年齢の多くの子どもたちは、毎月のこづかいを上手に使うことができません。適切な助言がなければこづかい帳の記録もできません。」ということも、こづかいの指導にとっては強い指摘です。倉知教授は、小学生の金銭意識調査において、高学年では「金銭は社会生活の悪のもとになる」とする子どもがいることに注目していますが、この発達論の中にも「盗みを働く」ようになるとあります。指導する身には心すべき点でしょう。

最近の問題として、テレビのコマーシャルの影響について、小学校の教師といえども無関心ではいられないのではないでしょうか。アメリカのスコットワードは次のように述べています。(注4)

テレビコマーシャルへの反応は認知能力の発達段階と関連している。幼稚園児は商品は宣伝どおりと思っている。二―四年生は広告を批判的に見るし、その意図を理解する。六年生は広告に対して明確な意見をもち、宣伝された商品は自分の立場から評価を下す。

日本においてもテレビのコマーシャルの影響は無視できない関心事の一つとなっており、心すべき事項です。

3　子どもの実態調査

子どもを目の前にして、子どもたちはこづかいをどう考えて生活しているか、どんな考えをしているのか知るための手早い方法として、「自分のこづかい」や「お金」というような題で作文を書かせるとよいでしょう。子どもに作文を書かせることは、子どもの理解に役立ちます。簡単な手っ取り早い方法としては、おこづかい日記を書かせることです。子どもの消費生活を把握する資料として参考になります。

この作文や日記による方法は教師の知りたいことが把握できるとは限りませんが、子どもが自由にこづかいについて書くだけに、個々の子どもの本心を知ることができる利点があります。

子どもの実態把握に当たり、アンケートを実施する場合には次のページのようなアンケート用紙が参考になるでしょう。

調査用紙

みなさんにおねがいします。これはテストではありません。あなたの考えをきかせてほしいのです。自分のことをしょうじきにそのままこたえてください。

1　こづかいはひとつきにどれほどもらいますか。　（　　　　　円）

また、こづかいはひとつきにどのくらいほしいですか。

（　　　　　円）

2　こづかいはどのようにもらっていますか。○をつけてください。

ア（　）ほしいときにもらう

イ（　）一日ごとにもらう

ウ（　）いっしゅうかんごとにもらう

エ（　）一ヵ月ごとにもらう

オ（　）そのほか

3　こづかいちょうをつけていますか。

ア（　）つけていない

イ（　）ときどきつける

ウ（　）つけている

4　むだづかいしたとおもうのは，どんなときですか。

5　こづかいのつかいかたで，気をつけていることを，ひとつかいてください。

6　ねだんのたかいものがかいたいときはどうしますか。

7　じぶんのちょきんがありますか。

（　）ある（　）ない

どういうお金をちょきんしますか

このような調査が考えられます。隣接の学年にも協力を仰げば、子どもの発達がよりよく把握できます。

なお、子どもの調査だけでなく、保護者の考え方も保護者会等を通じて把握するようにしましょう。また、子どもがお金を使う校区の商業施設・娯楽施設についても把握しておきたいところです。近くにスーパーやコンビニがある場合は、どうしてもこづかいが使いやすくなるからです。

注1　「Consumer Education」Jamers E. Menndenhall & Henry Harp　D.Appleton-Century Company New Yark　pp.331-332

注2　「子どもの金銭観はどのように育つか」『学級経営』第一二九号　明治図書　一九九七年一月　一四―一六頁

注3　「HOW CHILDREN DEVELOP」　OHAIO STATE UNIVERSITY　一九四六年

注4　『資料第六号消費者教育』（要訳）　国民生活センター　一九七三年

第3章

教科での指導

教科の指導は言うまでもなく、思考し創造する態度を養い、社会生活を向上させ望ましい人間形成を図ることを目的としています。こづかいの指導もここに位置付けられ、望ましい人間形成という過程に位置付けて指導することが期待されています。

こづかいの指導は、子ども一人ひとりが自分の問題を内面に包み持っているので、授業を通して自分の考えを深めることができます。教師はこづかいの指導を通して子どもたちを満足させ健やかに育成する教育方法を体験することができるのです。これは教師にとっては極めて大事な財産となりうることでしょう。こづかいの指導を通して、本質的な授業のあり方を体験し、真に子どもを育てることができる幸せを体験してほしいです。

こづかいの指導に直接関わる教科としては、国語をはじめとして社会科、算数、生活科、図画工作、家庭科があります。

1　国語での指導

国語は目標に「生活を明るくし、強く正しく生きる意志を育てるのに役立つ」とあります。こづかいの指導で「強く正しく生きる意志を育てる」には、まず書かせることによって気づかせ、意欲を育てることを考えたいです。それには、作文や日記、標語の作成や習字による指導があげられます。作文では「僕・私のこづかい」や、「僕・私の貯金」などの題で書くことによって、こづかいについて意識させることができます。作文から子どものこづかいに対する考え方が読み取れることでしょう。国語面の指導でなく、子どものこづかいに対する一人ひとりの心情が読み取れることもあります。こづかい指導の背景となる子どものこづかいに対する考え方が把握できるのです。この子はこんな風に考えているのかと、その子の指導の目安が把握できるでしょう。

子どもを把握すれば子どもにどんなことを指導すればよいか、教師は指導計画や方法を考えることができるわけです。作文は教師にとっては子どもを把握する大事な機会となるのです。

こづかい帳　六年　有馬裕紀子

私はこづかい帳をつける前までは、計画もなく、お菓子などですぐお金を使ってしまいました。そのときは、使いすぎたなあなどという考えなどありませんでした。

四月からクラス全員がこづかい帳をつけるようになりました。それからというもの、あまり無駄づかいはしなくなりました。四月は勉強のためで、多くお金を使ってしまいました。でも、その他（食べ物）などで使わなかったのでよいと思います。最後に集計をとりました。それで私は、一ヵ月の間にこんなに使っているなんて……と思いました。

そこで、五月の計画を立ててから使うようにしました。でも、勉強のためで計画以上に使ってしまいました。その他（食べ物）など先月より少し多く使ってしまった。

それで六月こそは、無駄づかいしないとノートでも大切にしました。そこで五月より勉強のためのお金はあまり使いませんでした。しかし、父の日のプレゼントでもお金を使い、貯金でも使ってしまいました。
こづかい帳をつけるようになってから、あまり無駄づかいしないようになりました。

こづかい帳をつけることによって、心情が変化した例です。こづかい帳は不思議な力を持っています。この子の心情を皆で話し合って、こづかい帳をつける指導をしたいものです。
また、日曜日のあとや祭礼などの行事があった翌日は、昨日のおこづかいについて日記を書かせるとよいでしょう。

七月二十日のこづかい日記　　二年女子
土よう日にしみんプールへいきました。およいでおなかがすいたからかいに行きました。そしてジュースをおとうさんがかってくれました。１００円つかいました。おかしも１００円かいました。アイスも50円かいました。よかったとおもいます。それからおよいでかえりました。それからおうちへいって50円かいました。きょうはとてもむだづかいをしたとおもいます。

七月六日のこづかい日記　　二年男子
お金がもったいないしお金をつかう気にならなかった。それにかいたい物もなかったから。

わけはおかしをかっても食べればなくなちゃうから。だからもったいないなと思う。

このような日記について話し合うことによって、無駄づかいやもったいないことを考える指導の機会とすることができるでしょう。

こづかいの指導は、一人ひとりの子どもを生き生きとさせることができる授業でありたいものです。うまくこづかいを使いたい、無駄づかいをしたくない、お金は貯めたいなど願いや課題がどの子にもみられます。こづかいの指導こそ、一人ひとりを生かすことができる授業とすることができるのです。

子どもが悩み考え願っていることを、学級全体の共通の問題とすることによって、一人ひとりに自己の問題として取り組ませることができるのです。これは本当に子ども一人ひとりを生かす授業となります。

また、こづかいの標語作りは、こづかいについて真剣に考える機会となり、こづかいの指導には手っ取り早い方法です。子どもにプラス思考を働かせる機会を作ります。

おこづかい　使いすぎると　損をする　千葉恭裕
おこづかい　計画立てて　使おうね　市川智草
銀行に　おかねあづけて　ひと安心　松田雅嗣
少しでも　大事に使おう　おこづかい　壁谷　協

むだづかい　すればするほど　そんをする　**榎本成貴**

少しずつ　おもくなってく　貯金箱　**伊藤節子**

貯金箱　心とお金　入れようよ　**西浦優子（蒲郡市立竹島小学校）**

標語の作成はこづかいに対する意欲的な姿勢を持たせることができるでしょう。標語の作成を通じて、考えさせ、意識を盛り上げたり、友達の考え方を契機にこづかいを大切に使う気持ちを強めることができます。

習字で指導したい言葉としては「貯金」「募金」「こづかい」「お年玉」などいろいろ考えられます。

岡崎市の岩津小学校の国語の指導例を見てみましょう。（注1）

「物や金銭の価値に眼を向けさせる作文指導」をしています。そのねらいは「身の周りにあるものの整理整とん、物や金銭の活用、こづかい、貯金などについて実践している様子をありのままに書かせることによって、自己の実践に反省、検討を加えさせ、実践意欲の高揚をはかる」というものです。子どもたちが取り上げた題を掲げてみましょう。

低学年　**・落としもの　・ものを大切に　・お手つだい　・無駄づかい**

高学年　**・無駄づかい　・省エネ　・わたしのおこづかい**

・使えなくなったノート　・貯金

次は、「標語」を作らせる指導です。

ねらいは「標語作りを通じて、物やお金を大切にし、計画的・合理的に使おうとする心情や実践的態度を育てる」というものです。

作品例　四年　買う前に調べてみようつくえの中
おこづかいアイスおかしのためじゃない
五年　消しゴムを遊んで使うわるいくせ
再利用の笑顔がめにうかぶ
六年　笑うな一円働く人のあせの一滴
一円の重さを感じるこづかい帳

また、茨城県の瓜連小学校の子どもたちも次のような標語を作っています。（注２）

三年生　無駄づかいすればお金がないている
しまっておこうつかえるときがいつかくる
四年生　無駄なもの買わないくふうつむ努力
ぼくもわたしも貯金で夢を
五年生　目標きめて楽しい貯金
こづかいを積んでうれしい貯金の日
六年生　いつも笑顔で楽しい貯金
小さな節約大きなゆとり

国語の指導では作文を書かせたり、標語を作ることによって、子どもは立ち止まり、生活を振り返り、向上のためにどうすべきかを真剣に考える様になり、自己の考えを深めることができるのです。国語はものの見方考え方を深める指導ができ、作文や標語はその点で効果的な指導場面です。

2 社会科での指導

社会科は、子どものこづかいについて、直接的な指導できる教材はありませんが、その背景となるお金や買い物などについて学習させることができます。その指導が、子どもの経済観念を育てることになります。子どものこづかいの指導を教科指導する意義がここにあります。特に社会科がその任務を背負っているのです。

あくまでも子ども一人ひとりの生活現実に基づいて認識を育てようという社会科の原点に立って指導しましょう。日々の子どもを見ずに子どもの現実を無視し、指導要領にあるとか、教科書にあることを根拠に教えるのでは子どものこづかい指導にはなりません。こづかいの指導に当たり、社会科の指導は、知識主義に陥ることなく子ども自身の問題にそって指導することです。

三年生には指導内容として（注３）

○買い物調べ
○買いものをするときの工夫
○お店の売り方の工夫

○商店街の協力と工夫
○自分たちの町の商店の分布の観察と地図の作成
○商品の産地・製造地調べ
○商店街と交通のかかわり

というようなものが考えられます。特に「内容の取扱い」には、「地域の消費生活の特色を消費者の立場から考えさせるように配慮する必要がある」と指導上の留意点が示されています。

安城市立錦町小学校の三年生の事例を紹介しましょう。（注４）

本時の目標

・コンビニを利用しない方が安く買い物ができたりみじかい時間で買い物を済ませたりできる場合があることに気づき、目的に合わせて店を選ぶ大切さを考える。

本時の展開

本時の学習課題：買い物で使うお店の選び方を考えよう

時間	学習活動	教師の支援
0	1 コンビニの便利なところ、おもしろいところ、工夫されているところを確認する。 ・たくさんの商品が並んでいる。 ・POPがあっておもしろい。 ・新商品がわかりやすい。	・これまでの学びを思い起こすことができるように、学びの足跡に注目してふり返るように促す。 ・コンビニを使わないときのことを想起させ、その理由から不便な点を考え、ノートにまとめるよう助言する。
5	2 学習課題を確認する。	
6	3 コンビニの不便なところについて考える。 ・スーパーに比べて値段が高い。 ・自分のほしいものが売っていないことがある。たとえば、えんぴつはえんぴつでも自分が使い慣れたものがない。 ・お肉や総菜など、コンビニには売っていないものがある。 ・薬や花も売っていない。	・多様な意見を引き出すために、自分でも家族でも、どちらの立場で書いてもよいことを指示する。
10	4 コンビニの不便な所について話し合う。 ・ジュースやお菓子は、コンビニで買うよりスーパーで買った方が安い。 ・肉や野菜が売っていないから不便だと思う。 ・コンビニには薬や花が売っていないから、欲しいものがたくさんあるときはたくさんのお店に行かなければならない。	・値段のことに意見が集中する場合は、「コンビニには売っていないものはないかな。」「コンビニの商品の品質ってどうなのかな。」などと問いかけ、児童の意見を引き出す。

	・駐車場が狭いとお母さんが言っていた。 ・野菜や米も売っているけど、味がいまいちだと聞いた。	・不便な点はどこになるのか、話し合いの視点が明確になるよう、視点ごとにまとめ板書する。
28	5　コンビニを利用しない時はどうしているのか話し合い、目的に合った店の選び方について考える。 ・コンビニは便利だけど、お金を節約したいときは少しでも安いスーパーに行く。 ・大きなデパートやスーパーの中には薬局とかいろいろなお店があるから、たくさんのものが欲しい時は、コンビニは行かないと思う。 ・お米や野菜は、新鮮でおいしいから専門のお店で買う。	・目的に合わせて買う場所を選ぶことの大切さに気づくように、お金や時間、新鮮さなど書いてのニーズを明確にして話し合う。
38	6　振り返りをする。 ・コンビニは便利だけど、不便なところもあると思った。スーパーで買った方が、お金が節約できるし、いろんなお店に行く手間が少なくなることがわかった。 ・自分は近くて便利という理由だけで、コンビニで買い物をしていた。	・自分の意見をわかりやすくするために、「目的に合った店の選び方について、自分の意見をまとめましょう。」と声かけをする。

評価：コンビニを利用しない方が安く買い物ができたり、短い時間で買い物を済ませたりできる場合があることに気づき、目的に合わせて店を選ぶ大切さを考えることができたか。発言やふり返りの様子から判断する。

本校の研究テーマの視点から捉えた教師の願い：

・本時ではここまで販売者側の工夫を探していた児童が、消費者の立場から購入に際しての工夫について考える。便利さや手軽さばかりがお店選びの視点でないことに気づき、お金の使い方に関する考え方が広がることを願っている。

この授業で注目すべき点は、教師が「お金の使い方に関する考え方が広がる」ことを期待している点です。こづかいの指導は、直接こづかいの使い方を題材に話し合うことが大切な指導ですが、それだけではなくて、この授業のようにコンビニやスーパーに対する知識理解を持つことによって、お金の使い方すなわちこづかいの使い方も考える様になるという指導観です。

こづかいを考えて使うということには、子どもの社会的認識の深まりが不可欠です。社会認識の深まりなく、上手に使えるということは無理なことで身に付くはずがないのです。

次は、新城市立千郷小学校の三年竹組の指導事例です。（注5）

単元名「わたしたちの暮らしと商店のはたらき」（一二時間）
・買い物調べ
・家の人の買いもののくふう
・スーパーマーケットの学習

2番目の「家の人の買いもののくふう」では、家の人は品物の質や価格、便利さなどを考えて選んでいることの学習です。

同じく三年雪組は一五時間で次のような学習計画となっています。


単元名「わたしたちのくらしと商店のはたらき」（一五時間）
・買い物調べ
・買い物地図をつくろう！
・マルイチで買い物をしよう！
○自分の食べているもの、使っているものは家の人がお金を払って買った大切なものだという意識をもつことができる。（買い物体験を通して）
○それぞれの店にはそれぞれ工夫してあるが、その中から買い手が選択し、買物をしていることに気づく。

担任は学用品や物を大切に使わせるために、これらのものはすべて家の人がお金を払って買った大切なものだという意識を持たせようとしています。子どもの行動を望ましい方向に導くには、このようにまず知的理解を持たせた意見をさせることが大事です。

この学校はカリキュラムの構成に著しく特色があります。社会科指導に社会科教材だけでなく関連する教科や指導を関連させ、学習の効果を高めています。体験させ、観察させ、料理させるという豊富な学習活動を組んでいるのです。

社会科指導には時に校外見学などで教室を離れる学習がありますが、このクラスはそのような教室外の体を動かす学習が目に付きます。これは子どもが覚え知識理解を図る、本質的な指導でしょう。このような指導には苦労もありますが、子どもの認識には大事な方法です。戦後、社会科が登場した当時の指導を見るような懐かしさがあります。

こづかいの指導は、一人ひとりが自分の考えをしっかりと作ることができて初めて可能なのです。自分の考えをはっきりさせて自己変革を起こさせる指導がこづかいの指導なのです。

3 算数での指導

子どもを取り巻く生活には、「数量的に処理」し「生活に生かす」場面は多いです。お金にかかわる教材で、意識的に自分たちの問題として指導すれば、より効果が考えられるでしょう。たとえば、表とグラフの学習で、自分たちのこづかいの使い方を教材にするとよいでしょう。興味を持って、学習でき、使い方も考えることができます。

低学年は、カレンダーに付けた○×を数えて表にまとめさせるとよいでしょう。こづかいの使い方の簡単なまとめの表です。

中学年はこづかいの使い方を整理し、グラフに表わさせましょう。菓子、遊び、学習費、図書費など項目的にあらわしたり、年間ならば月ごとにグラフ化させます。また、この時期にはこづかい帳の記入とまとめを指導しましょう。

高学年はこづかい帳のまとめ方の指導が必要となってくるので、月末の整理としては項目別に％を計算して、帯グラフや円グラフで表現させるとよいでしょう。自分のこづかい帳をもとにグラフの学習すれば、使い方の反省につながりこづかいの使い方には効果的な指導となります。

算数での指導に当たって、岩津小学校の学習は大いに参考になるでしょう。（注6）

岩津小学校では、ねらいを次のように述べています。

> 子どもたちの日常生活における物や金銭に関する身近な事象を学年の発達段階に応じていろいろな統計グラフに表すことができるようにさせる。そして、グラフを作ったり、読み取らせる中で、物や金銭についての知識・理解を深めさせる。

このねらいのもとに、各学年それぞれ次のように指導しています。

学年	指導内容
一年	こづかいや貯金の様子を、○・×の表やグラフで表す

二年	○・×の表や絵グラフを読んだり、作ったりする
三年	棒グラフの見方、書き方を理解する
四年	おれ線グラフのよみ方、書き方を理解させる 一次元や二次元の表を棒グラフに表したり、二次元の表をおれ線グラフに表したりする
五年	帯グラフや円グラフのよみ方、書き方を理解させる
六年	資料を整理して度数分布表や柱状グラフをかき、分布の様子を考察する

また、この学校では、統計図表コンクールを実施しています。

「わたしのおこづかい調べ」で使った金額を棒グラフで表し、さらに月別ごとに使った内容を分類して円グラフを作成させるのです。項目は勉強のための学用品・食べ物・人のためのプレゼント・遊び（趣味おもちゃ）・貯金の五つです。円グラフにおこづかいの使い方を表せば、使い方が一目瞭然です。

「わかったこと」として子どもたちは、「① わたしの方が平均より少し多い。② おこづかいの中では学用品代が一番多い。③食べ物がどの月も一番少ない」などとまとめていました。

また、指導の成果としては、次のようなものが挙げられました。

・こづかいを考えて使うようになった。

・無駄な電気や、蛇口の水もれなどにも気づくようになって、電灯を消したり、蛇口をしっかり止めている姿を見かけるようになった。
・統計図表作品展を見て、親自身が日常生活を反省し、家庭へのよい啓蒙にもなった。

高学年の高熱水費のグラフ化は使い方を反省する意味において重要な学習となっています。おこづかいの図表化は低・中・高学年どの学年にもあり、「こづかいを考えて使うようになった」ことは特筆すべきことです。

算数の学習でこづかいの使い方をこのように進めることは、資料が自分のことで、具体的であるだけに学習効果は格別なものがあるのではないでしょうか。

最後に、算数の学習では、特に高学年では買い物に関連して、商品の値段には８％の消費税が含まれていることの指導です。単なる０・０８を掛ける指導でなく、この鉛筆にもノートにも８％の税金が含まれているという実感のこもった指導がしたいです。商品には８％の税金が取られている事の理解は、経済に対する理解の入口としても極めて大事なことなのです。

４　生活科での指導

低学年のこづかいの指導は生活科にも関わりがあります。こづかいの指導は、生活科で取り上げる重要な内容のひとつにしたいです。「生活科」について以下のような言及もあります。

「生活科の内容選択の視点の一つに『生活と消費』があり、」「これは生活に使うものを大切にし、

計画的に買い物が出来るようにすることを意図するものです。」(注7)

たとえば、二年生で重要とされる内容には、「必要なものの計画的な買い方」や「簡単な買い物のおつかい」があります。これらの学習には日々の使い方(何にいくらほど)が学習の出発点となるだけに、簡単でよいので、消費の内容を記録させることが大事です。

「必要なものの計画的な買い方」は自己の消費についての具体的な自覚があってこそ学習できることです。そこに気づかせるよう、記録させましょう。気づけばそれは大きな反省となります。

次は先に引いた『どうする生活科の授業設計』にある買い物の単元を紹介しましょう。

「生活科の内容選択の視点の買い物に行ったことを書こう」

単元目標　自分の生活に必要なものを買うことや簡単な使いができる

小単元　買い物に行こう

指導計画　店の人に品物や値段を尋ねながら自分の生活に必要なものや頼まれたものを買うことができる

主な活動

①　買い物に行く計画を立てる。

・金額は五百円で100円硬貨4個、50円1個、10円4個、1円10個用意する。

・買うものは母親のメモで300円程度の野菜と果物、残りはこづかい

・出かける前に気を付けることを話し合う。
② 買い物をする。
③ 買い物に行って思ったことを作文に書き、発表する。

この指導は、ごっこ学習のあと校区のスーパーマーケットへ出かけ、母親のメモにより買い物をさせるというものです。そして最後に作文を書かせ、発表させています。活動した後作文に書かせることによって、買物の経験が頭に残り、身につくのです。

自分の経験の再確認です。これは直接的なこづかいの使い方ではありませんが、こうした体験や買い物の理解が身につくことで、自分のこづかいの使い方にも大きな影響を与える指導です。こづかいの指導はこうした知識理解や体験が背後に必要なのです。

こづかいの指導をはじめとして、こういう活動には当然のこととして、母親の協力が不可欠となっているので、事前に連携を取りたいところです。（注７）

5　図画工作での指導

図画工作には「生活を楽しくするものや飾るもの、想像したものをつくることができるようにする」学習があります。こづかい指導には、創意工夫を凝らした貯金箱の製作がよいでしょう。

また、ポスターを書かせる指導などもよいでしょう。ポスターを書かせることによって意識を高めます。

次の事例は貯金箱の製作をする岡崎市立岩津小学校の指導です。(注8)

貯金箱の作成を指導し、郵政省主催の貯金箱コンクールにも応募しています。

目指すねらいは、

・貯金箱を製作していく過程の中で金銭感覚を養い、お金を大切に取り扱う心情を養う。

・なるべく廃品を利用して造形的な創造力を伸ばす。

材料は、　低学年　紙類（空き箱、ほうそう紙などを利用して）

　　　　　中学年　あきかん、あきびん（紙類を貼ってもよい）

　　　　　高学年　自由（紙、かん、びん、竹、木など）

製作にあたって物や金銭を大切にする態度を育てるために、（略）貯金箱を取り上げ、貯金箱コンクールを実施しました。励みを持たせるために、優秀作品は郵政省主催貯金箱コンクールにも応募することにしました。

新しい企画のため、学級懇談会、地区別懇談会や学校通信「もちのまと」などで、主旨や方法を保護者にも伝え、理解と協力を求めています。成果として次の点を挙げています。

・（略）創意工夫にとんだ作品が多く郵政省主催貯金箱コンクールに一九点を出品した。その中で、岡崎郵便局長賞五点、努力賞（東海郵政局長賞）一点、局長賞（郵政局長賞）二名が受賞の栄に浴した。
・自分で作った貯金箱を現在、家でこづかい貯金に利用している。
・工夫をこらしたよい作品がたくさんあり、楽しかった。（親のアンケートより）
・親子で製作していく過程で、親と子の間にコミニケーションが生まれてよかった。（親のアンケートより）

物や金銭を大切にする態度を育てるために、貯金箱を作成していますが、子どもは自分で貯金箱を作れば必ず入れるので、こづかいの指導上貯金箱の製作は有意義です。廃品を利用して造形的な創造力を伸ばしたり、親子で製作するなど家庭との連携など参考となることでしょう。

6　家庭科での指導

六年生には「買物の仕方や金銭の使い方などが分かり計画的に生活する必要があることを理解」させる指導があります。適切な購入と金銭の使い方と記録の仕方を工夫する指導です。出納簿の指導は、子どもの事例を取り上げて、学級指導と関連して学習するとよいでしょう。

兵庫県の養父市立八鹿小学校の指導事例です。（注9）

題材：金銭の使い方（二時間）

指導内容	学習内容	指導上の留意点
・生活の経費	・自分の家の収入は、どこからどうして、はいっているか話し合う。 ・そのお金を使う自分たちの態度や使い方はどうだろうか反省してみる。 ・自分たちの体験を通して、金銭の上手な使い方を考える。 (失敗の事例も加えて)	・家庭の物的要求を満たすには金銭が必要であり、収入に対する父母の苦労に感謝する気持ちをおこさせる。 ・お金を大切にすることは、物を大切にすることにつながることを気づかせる。 ・こづかいの使用についても計画的に、無駄のない、じょうずな買い方や記録することの大切さに気づかせる。
・よい買い方 ・計画と協調性 ・買い物の計画 ・買い物をする場所 ・品物の選択 ・購入の時期	・必要と不要　・良質 ・品質表示　・安価 ・加工　・食品の日付 ・出回り時期の見方 よい買い物の仕方を知る。 ・金銭収支記録の必要性を考える。 ・使途についての反省資料となる。 ・残額がよくわかる。 ・計画をたてる場合の資料になる。	・出盛り期に購入するものと時期はずれに購入したほうがよいものもある。

・金銭の記録	金銭収支の記録の仕方を知る。 ・購入　・出納　・計画と反省 ・月日　・ことがら ・残高の記入のしかた	・収支の調整を図るためには、金銭の使途との記録をすることはたいせつであることをわからせ、進んで記録するように指導したい。
・こづかい帳	こづかい帳の配布 ・金銭収支の記録の仕方を実習する。	・こづかい帳を家庭科の時間にいつも持ってくること。

指導者は、「たった一度の指導で、子どもたちに新しい目や習慣が生まれるのではありません。新しいねらうちに目指すきっかけ（授業のねらい）が作られたら、くり返し、根気よく、子どもに定着させるよう指導し続けなければなりません」と述べています。金銭の指導には授業できっかけを作ることです。極めて大事な指導観です。

金銭の上手な使い方には、記録が大事であることを気づかせているように、こづかいの上手な使い方にはこづかいを必ず記録させることです。その指導をして、そのためにこづかい帳を配布しています。留意点として家庭科の授業には常にこづかい帳を持参することとあるように、こづかいの指導は継続指導が大事です。

ただし、こづかいの指導に不可欠であるこづかい帳の記録の指導が、家庭科の六年生にあるのは、こづかい指導にとっては遅すぎます。研究校の報告を見ればもっと早い学年から指導しています。

学習指導要領にあるから指導するのでは、子どものためになりません。目の前の子どもの現実から考えて指導すべきです。

次は千郷小学校六年生の指導です。（注10）

「修学旅行のこづかい」を学活三時間で行うもので、「上手な買い物ができるようにする」学習で、次のような指導目標を掲げています。

・「ちょうどよい」金額を考える
・おみやげの計画を立てる
・上手な買い物ができたか考える
・物の価値について考える

この学習のあとに家庭科の授業二時間を組んでいます。

単元「家庭生活と買物」で「上手な買い物について考える」中で次のようなねらいを設定します。

・上手な買い物ができたか考える。
・計画的な使い方を考える学習である。

次はどう指導するか、学習指導案で紹介しましょう。

1　単元　　どれを買う？　―家庭生活と買物―　　八時間完了

2　単元の目標

・買い物の仕方を考えたり、金銭収支を記録したりする活動を通して、金銭を計画的に使う必要が分かり、工夫して買い物をするとよいことがわかる。

３　本時の目標

・買い物をする時には、品質表示などを確かめて自分の目的に合った品物の選び方をするとよいことがわかる。

４　金銭教育とのかかわり

夏休みのこづかいの使い方を振り返った際、「買い物をする時、考えて使うようになった」（M・N子）と答える子がいる一方で、「お金があるとすぐ使った」（A・R男）という子どももいます。生活が豊かになり、あふれる程ある様々な商品の中から、本当に自分に必要な物を選ぶと言うのは子どもでなくとも難しい問題である。単元を通して買い物の仕方を学習する中、本時では、買いたい物をどのように選ぶとよいのか考えてみたい。

また、環境問題が叫ばれていることから、個人の目的を達成するだけでなく、地球環境を考えた上でお金を使う方法があることにもふれていきたいと思う。

５　学習展開

◯おつかいを頼まれたとしたら、どれを選んで買いますか。
※四種類のトイレットペーパーに値札をつけた状態で並べておく。
※自分の選んだ理由を発表する。

見た目がかわいい／安いのがよい／たくさん一度に買えるのがよい／牛乳パックが使ってあってリサイクルしている／グリーンマーク・エコマークがついて香りつき
※「使い心地」と言う意見が出ない場合は教師から投げかける。
一番やわらかいのがいいな／どれか／1ロールあたりの値段はCが一番安い／100％再生紙でナイトマークはつかない／エコマークやグリーンマークのついているものの方が安い。
※なぜ安いのか、一度投げかけてみたい。知っている子がいなければ、「天然パルプよりも、再生紙の方が材料費が安くなっているためだ、という話を伝えたい。
また、再生紙で作られた商品を消費者が選ぶことによって、古紙の再生率も伸びるのだ、という話もしたい。再生紙のトイレットペーパーを選ぶことは、地球の環境を守ることになる、と書いてあるのもあった。
※これからは物をどうやって選んでいくのがよいだろうか。ノートにメモをさせる。机間巡視をした後、発表させたい。
予想される意見を教師は次のように押さえている。
① 値段と量を確かめて買うようにしたい。
② どうやって作られるとか、材料は何かとかも確かめたい。
③ 木を大切にしたいからグリーンマークのついたものを買うようにしたい。
④ 地球環境を守ることになるので、リサイクルされた商品を選んでいきたい。

※「買い手が選びやすいパッケージはどちらだろう」と次時の学習を予告して終了する。

教師は授業に先立ち「ノートを選ぶ際、何を決め手にすることが多いですか」と、見た目、値段、材料、使いやすさの四点から選ぶ事前調査を実施しています。

どういう観点から選ぶのか、子どもの判断を事前に知ることは授業者にとってはきわめて大切ですが、現実にはそれほど簡単ではないはずです。子どもたちはよい物を買いたいからこそ迷うのであって、簡単に割り切ってしまわない、立ち止まって粘り強く考える子どもを育てたいです。

この学習の見習うべき点は、子どもの日常生活から出発していることです。単元構成はもともとそういう性格を持つものですが、単元展開に際して、「金銭とのかかわり」を明確に打ち出し、指導の必然性を強調しています。教材が指導要領にあるから指導するということでなく、子どもの生活から出発している点がよいでしょう。

自分の考えをはっきり持つと、他の子どもの考えもはっきりしてくるので、学習過程で違いが分かり、問題解決に対立や共鳴が生まれ、ここに共通問題も生まれ、さらには一人の考えを媒介にして、一人ひとりが自己の考えを整理し検討し、自己を更新していくことができます。自己変革の指導はこづかい指導の持つ一つの特権でもあることでしょう。

注1 『新しい教育課程の中での金銭教育のあり方』 岡崎市立岩津小学校 一九八一年 二〇―二二頁

注2 『金銭教育研究校の実践報告集』 貯蓄増強中央委員会編 茨城県那珂郡瓜蓮町立瓜蓮小学校 一九七六年 二五六―二五八頁

注3 『金銭教育の進め方―新学習指導要領を踏まえて―』 貯蓄広報中央委員会編 一九九〇年 一九―二〇頁

注4 「平成二六・二七年度金融広報委員会委嘱校 安城市立錦町小学校 公開授業学習指導案集」 二〇一六年

注5 「新城市立千郷小学校 金銭教育 年間計画」 一九九七年

注6 『新しい教育課程の中での金銭教育のあり方』 岡崎市立岩津小学校 一九八一年 二三頁・五六頁

注7 『どうする生活科の授業設計』 今谷順重編著 日本教育研究センター 一九九〇年 二四八―二五四頁

注8 『新しい教育課程の中での金銭教育のあり方』 岡崎市立岩津小学校 一九八一年 五七―五八頁

注9 『金銭教育研究校の実践報告集』 貯蓄増強中央委員会編 兵庫県養父郡八鹿町立八鹿小学校 一九七六年 四一―四三頁

注10 「新城市立千郷小学校 金銭教育 年間計画」 六年梅組 一九九七年

第4章　道徳での指導

教科の指導に続いて、道徳でのこづかいの指導です。金銭の研究校の実践記録を見れば、どの学校も道徳を重要視して指導しています。道徳はこづかいを大事に使うとか計画的に使う心情を育てるには重要です。特に「子どもの道徳的心情、道徳的判断力、道徳的意欲と態度の育成を通して」こづかいの使い方を指導していくことが大切です。

1 指導目標の設定

金銭教育の実践に取り組んだ碧南市立中央小学校は、その重点目標を次のように掲げています。

重点目標

○基本的行動様式を身につける。
○自律性を高め、望ましい行動ができるとともに、互いに信頼し合い、助け合う態度を身につける。
○ものや金銭を大事にし、計画的活用ができる習慣を身につける。
そしてさらに具体的目標を次のように決めている。

具体的目標

○一・二年は自他のものを区別し、公共物を大切にする。

○三・四年はものを大事にし、金銭の無駄づかいをしない。
○五・六年は金銭の価値を正しく知り、ものや金銭を計画的に活用する。
（注１）

低・中・高別に具体的な目標の提案は評価されるでしょう。しかし、一・二年の低学年にはこづかいの指導に直接触れていないので補足しましょう。

一年生にもなれば、数量的な観念が発達してきます。お金即ちこづかいに対する価値観は、親や教師の指導よりも、子ども自身の体験を通して心の中に育つものと考えられるので、一年生から直接こづかいの指導を始めたいです。体験させないと育たないのが無駄づかいの指導であると考えましょう。一年生には無駄づかいしない指導目標を考えたいものです。

学年が進めば数観念の発達とともに社会認識も膨らみ世間も広くなり、友達との関係も深くなり、ほしい物が増えます。そのためにこづかいも増えてくるので中学年は考えて上手に使わせたいです。

高学年になると、社会認識の深まりとともに、単に欲しいものを買うだけでなく、自己自身の好きなことにこづかいを使うようになります。本の好きな子、運動選手、工作の好きな子など趣味や研究にこづかいを使うようになるのです。自律性が見えてくる年齢なので、予算生活に対する目標を考えさせたいです。

目標は、子どもの発達段階から考えて、次のように計画するとよいでしょう。

○一年生　こづかいは無駄づかいをやめ大事に使おう
○二―三年生　こづかいは考えて上手に使おう
○四―六年生　こづかいは予算を立てて効果的に使おう

2　主題の設定

次はどのような主題を設けるかです。岡崎市立岩津小学校の事例を紹介しましょう。(注2)

学年	主題名	ねらい
一年	青いえんぴつ	ものの正しい使い方を知ってたいせつに使おうとする気持ちを高める。
二年	わがままをしない	人の意見をよく聞き、わがままをしない心情を育てる。
三年	もののねうち	物や金銭のねうちを知り、それを生かして大事に使おうとする態度を育てる。
四年	資源を大切に	物には限りのあることを知って、無駄づかいしないでじょうずに使おうとする態度を育てる。
五年	無駄づかいをなくす	物の価値を理解し、無駄にしないようにする態度を養う。
六年	お金の正しい使い方	こづかいを無駄づかいせず、計画的に使う態度を養う。

この学校は学年ごとに研究授業に取り組み、子どもの反応・心情まで検討している点は評価できるところでしょう。こづかいにかかわる指導は三年と四年と六年に見られますが、こづかいの指導は無駄づかいする一年生から指導したいものです。

教師は指導を前に学級の子どもの実態を把握して主題やねらいを考えたいです。子どもの経済観念の発達に応じて、ねらいや指導事項を考えることが大事です。

この学校は「新しい教育課程の中での金銭教育のあり方」を追求しており、家庭科との関連のためか、お金の計画的な使い方が六年生の指導になっています。こづかいを使う子どもたちの実態からすればもっと早い学年からの指導が必要です。

もっとも、一年生から各学年ごとにねらいを考えることは困難でもあるので、すくなくとも低・中・高の三段階に分けねらいを設定するとよいでしょう。

一年生から無駄づかいしないで大事に使う指導が必要になってきます。二年生、そして三年生になれば使い方を考える指導であり、四年以上は予算生活の楽しみを指導していきたいです。

次の「物やお金の尊さがわかり大切に生かして使う子」を求めて、金銭教育に取り組んだ高雄小学校の事例を紹介しましょう。この学校は、こづかいの指導は三年、四年と六年で次のように計画しています。（注３）

学年	月	主題名	ねらい
三年	十月	遠足のおやつ	決められた範囲内で、計画的に買い物ができ、無駄づかいをしない心を育てる。
四年	四月	とどけられたノート	物や金銭の値打ちを知り、大切に使っていく意欲を高める学級活動。
六年	十月	こわれた水道	生活に必要なものの価値を理解させ、無駄づかいをしない気持ちを持たせる。

金銭教育の研究校なので、低学年は物を大事に使う指導が目につき、こづかいの指導は三年生の無駄づかいをしないから始まっています。

こづかいを無駄づかいしない指導はどの学年にも必要ですが、特にこづかいを使い始める一年生から指導を計画したいです。こづかいの指導は一年生から体験を通して指導することが効果的です。お金の価値観は知的理解よりもむしろ体験で育つからです。

では、もう一校紹介しましょう。これは茨城県那珂郡瓜連町立瓜連小学校の事例です。（注4）

学年	月	主題名	ねらい
一年	一月	わたしの消しゴム	物のねうちを知り、大事に使おうとする気持ちを育てる。
二年	一月	もちのまと	自分の持ち物を正しく保管したり、正しく使用したりして、無駄にしない。
三年	五月	落とし物 忘れ物	物を大切にする意味がわかり、ふだんから物をていねいに使う気持ちを育てる。
四年	五月	上手な買い物	ものごとを計画的に考え、誘惑に負けず自分の判断で正しく対処する。
五年	七月	わたしの計画	物や金銭の価値を正しく知り、計画的に使うようにさせる。
六年	一月	節約と無駄づかい	物や金銭の価値を認識し、経済生活が円滑にできることによって、自分も幸福になり、ひいては国家の繁栄になることがわかって、進んで合理的な生活ができるような実践態度を育てる。

両校とも金銭教育の研究校なので、消費者教育的な色彩が強く一・二年の低学年にはこづかいの指導がみられません。こづかいの指導は無駄づかいする一年生から計画的な指導が必要なのにも関わらずです。

指導要領によれば、道徳の内容として一年・二年のトップには次のように書かれています。「健康や安全に気を付け、物や金銭を大切にし、身の回りを整え、わがままをしないで、規則正しい生活する」と。「金銭を大切にする」ことが明記されているように、低学年からのこづかいの指導が必要なのです。一年生はおぼろげながらお金の価値に気付き始める時期なので、お金の価値をこづかいを使う体験で徐々に身に付けさせることが望まれます。

例　一年生　自分のこづかい　すぐ使ってしまわないで大事に使おう
二年生　もらうこづかい　自分のこづかいだからよく考えて使おう

3　指導の実践事例

道徳でこづかいの指導を考える場合、真っ先に浮かぶのは、子どもの日ごろのこづかいの使い方から判断して指導内容を計画することです。低学年なら、わがままな無駄づかいに気づかせるとか、中学年には物欲も膨らみ、お金を欲しがるので、定額制の観点から考えて使うように指導するとか、高学年には無計画に使うことから計画を考えさせる予算生活の指導です。目の前の子どもをとらえて内容を計画したいところです。

次に紹介するのは、六年生の「予算生活」という主題の長野県の木曽郡楢川村立贄川小学校の指導事例です。（注5）

主題名「僕の月給」

ねらい：金銭を節約し、予算生活で計画的に使うことの大切さを分からせる。

学習活動

1　「K君の5月のこづかい帳」を見て話し合う。

○表を見て話し合う。

・おもちゃ、食べ物、必要以上のノート、鉛筆の購入で収支が赤字でこづかいの前借をしているK君のこづかい帳を示し、気づいたことを話させる。

・各自のこづかい帳を見ながら使い方を反省させ、発表させる。

2　こづかいの使い方はこれでよいかを話し合う。

○必要なものを必要なだけ買っているか、計画的に使っているかを中心に話し合わせる。

3　「僕の月給」を読み、話し合う。

・山中君と久夫君の金銭生活の違い　・予算生活について

○資料を読ませ、久夫君の無計画な月給生活、山中君の計画的な予算生活をくらべさせる。

○計画的な予算生活のよさに気づかせる。

4　お金の上手な使い方について、考え話し合う。

○Tさんの使い方を話させ、山中君の予算生活をあわせて計画的使用、こづかい帳の積極的利用のよさなどを話し合わせる。

5　節約とはどんなことか話し合い、話を聞く。
○節約とはどんなことか、K、Tの違いなどを中心に話し合わせ、教師が説話する。
6　お金や物をきまりよく、計画的に使う方法を話し合い、今後どうするかを発表する。
○必要なときは、必要なだけ使うことが大切で、そのために節約し、貯えることの大切さを考えさせる。

指導上の留意点

○節約することと、けちになることの違いを話し合いの中で区別させる。
○具体的な生活上の問題を話させるようにし、抽象的な理屈にならないように気をつける。

予算生活の指導は指導例が少ないです。それだけに貴重な実践です。高学年になっても「無駄づかいするな」「もったいない」などの指導では自主的に生きる姿は望めません。高学年ならば、こづかいを使うことを通してこづかいの予算化を理解し始めます。計画的に生きる予算生活の指導は、こづかい指導の仕上げとしてもその実践化を図りたいものです。

この実践は、主題名が「僕の月給」という興味ある素晴らしい主題になっていることも大いに評価すべき点でないでしょうか。この主題なら学級の子どもたちは興味深く授業に臨めるはずです。「僕の予算生活」よりもはるかに学習意欲に期待を持たせることができることでしょう。

こづかいの指導はこづかいの使い方を示すこづかい帳をもとに話し合い、よい点悪い点などを反省することが極めて大事です。この実践では、「K君のこづかい帳」という具体的で身近な事例を話し合っており、緊張感や危機感や満足感など心情を揺り動かしやすく、効果も大きいわけです。

また、無駄づかいもこづかい帳から学び取らせることが大事です。教師が知恵を絞って、こづかいは親からもらう大事なお金だとか、親が働いて手に入れたお金だだから無駄づかいするなと説明するよりは、子どものこづかい帳を中心に話し合う方がはるかに効果的であることを示している実践です。おのずからこづかい帳は大事だ忘れずにつけようという気持ちを起こさせる授業となるでしょう。こづかいの記録なしにこづかい指導は成り立たないと言えます。やはり、こづかいの指導はこづかい帳の記録から気づかせることが鉄則なのです。

節約についても教えましょう。最近はあまり聞かれなくなった言葉に「節約」があります。お金がどれほどあっても、また経済状態が好景気であっても、忘れてならない言葉でしょう。この言葉を授業に「節約とはどんなことか」と話題に取り上げています。しかも言葉だけの抽象的な教師の説明でなく、子どものこづかい帳を材料に使いそのあと教師が説明という手の込んだ学習となっています。

一方で､金のある世の中で今時節約を意識させるなら「ケチ」という概念が裏側にちらつきます。そのため、両者の違いも話し合いの中で区別させることを指導上の留意点に挙げています。節約を取り上げること自体が勇気のいることですが、両者の違いまで考慮している点は、きわめて奥深い配慮のある授業展開であるといえるでしょう。

授業が抽象的にならないよう、お説教にならないよう、また理屈にならないように配慮されていることが、あくまでも自学級の子どものこづかい帳を話し合いの材料にしている点からも伺えます。学習に自学級の子どものこづかい帳が使えるということは日頃からこづかいの指導に熱心に取り組んでいる証でもあります。自学級の子どものこづかい帳を使うということは子どもの学習意欲も上がるでしょうし、それだけ効果も有ることでしょう。

以上のように、道徳の授業では、こづかいの大事な指導ができます。担任教師は子どもの生活の実態・こづかいの使い方をを把握し、指導を展開したいです。教科指導には教科書という子どもの発達を考えた教材がありますが、道徳には教科書がないだけに、学級の子どもの実態に即して主題を決めて指導に当たりたいものです。たとえば、次のようなものが、参考になるでしょう。

	主題	目標
低学年	無駄づかいする子	こづかいを大事に使おう
中学年	たのしい週給制	こづかいの使い方を考えよう
高学年	趣味を楽しむ少年	予算生活で計画的に使おう

4　指導上の留意点

ここで、道徳指導における指導上の留意点についてまとめておきましょう。

〇子どもをよく理解して指導に臨むこと

最初に、子どもの発達段階や経済観念を十分把握の上指導に臨みたいです。道徳指導となると、どうしても肩に力が入りすぎて、指導事項が優先して子どもの実情を忘れがちになります。

子どものこづかいの使い方は「大部分の子はお金の使い方について無計画である」ので、低学年から高学年まで計画的に見通して指導したいです。それには子どものこづかいの使い方を踏まえて指導したいところです。子どもの消費生活の実情の把握から指導が始まるわけです。

〇指導のチャンスを失わないこと

２番目に留意したいのは指導内容と関連して指導にはそのチャンスを失わないことです。四月の新学期を狙うとか、夏休み前に指導するとか、指導時期を考慮したいです。特に地域社会での祭りとか催し物行事の前、学校関係では遠足や修学旅行前が考えられます。使い方の指導には反省を含めて行事の後もこづかい帳を中心に指導が考えられるでしょう。

〇継続指導が必要である

こづかいの指導は年一回道徳で指導したからよいというようなものではありません。碧南市の中央小学校は四年以下は年に三回ほど繰り返し指導しています。こづかいの指導は学級指導とも関連して、子どものこづかいの使い方の実態を把握した上で具体的に根気よく指導することが大事です。

〇他人への配慮も忘れずに

４番目はこづかいの指導とともに思いやりの精神を忘れずに指導したいです。他への配慮は道徳特有の指導でしょう。低学年からこづかいでは、父の労働によることから家族愛の指導でもあります。また、赤い羽根に協力する、災害時の募金などがあります。高学年ならユネスコ募金などもお年玉の時期に考慮したい指導事項です。

最後に、指導は子どもの事実・記録から出発したいです。低学年にはこづかい帳が使えないから使った日と使わなかった日の記録で指導したいです。中高学年になればこづかい帳をもとに指導したいです。

予算生活の指導事例にあったように、使い方の望ましくない子のこづかい帳を話し合いの資料に使うとき、子どもに悪い感情を与えない配慮が必要でしょう。

注1『碧南市立中央小学校　金銭教育　自らの生活を見なおす児童の育成』一九八七年　一〇頁

注2『新しい教育課程の中での金銭教育のあり方』岡崎市立岩津小学校　一九八一年　二四頁

注3『物やお金の尊さがわかり大切に生かして使う子を求めて』愛知県丹羽郡扶桑町立高雄小学校　一九八〇年　八―九頁

注4『金銭教育研究校の実践報告集』貯蓄増強中央委員会編　茨城県那珂郡瓜連町立瓜連小学校　一九七六年　二四九頁

注5『金銭教育研究校の実践報告集』貯蓄増強中央委員会編　長野県木曽郡楢川村立贄川小学校　一九七六年　二八頁

第5章　こづかいの指導

子どものこづかいの指導は子どもの日常生活から見ても、また、子どもの主体的な人間形成にとっても極めて大事な事にもかかわらず学習指導要領にはあまりにも少ないです。直接指導できる場面としては、道徳では低学年に見られますが、教科では家庭科の六年生に出納簿の指導があるのみです。このように少ないので、こづかいの指導は、日々こづかいを使う子どもを前にしている教師の自主的な指導が必要です。

こづかいの指導は、子どもが持つ具体的な問題に即して追究し、話し合わせるので、学習内容を具体的に会得させるよい機会です。

教師にとっても知識主義に立つ指導から脱却する反省の機会ともなるでしょう。知識体系や指導要領、教科書などに寄り掛かった指導から脱却して、子どもを満足させ、喜ばせ、目を輝かせる指導となり、教師も成長できる機会にもなります。

子どものこづかいの指導はこづかいの上手な使い方を通して同時に子どもを育てる一つの手段です。子どもに望ましい生活を築かせる人間形成の営みとして指導したいです。教師もまた日ごろの授業構成を考え直す契機でもあります。

1　指導計画

教科の指導は教科書がありますが、学級指導にはそれがないだけに、教師は指導計画を立てることが必要です。

(1)　事前の調査

指導計画を立てるに際してはまずは子どもを把握することが必要です。子どもはどのような使い方をしているか、どんな考え方かを、捉えることが出発点です。

子どもの把握に留意していれば、子どもの行動は捉えることができますが、内面まで捉えることはできません。子どもがどんな考え方をしているのか捉えることが必要となってきます。

こづかいの使い方を把握する簡便な方法として、こづかい日記や作文をを書かせることです。日曜や祭礼や地域の行事などのあとに、昨日のこづかいの使い方を日記に書かせるのです。子どもの使い方が具体的にわかる簡便な方法の一つです。

ここにこづかい日記を紹介しましょう。（資料が少し古いですが、ご了承ください）

> こづかいにっき　二年　みやちえりこ
>
> わたしは、まえ、しみんプールにいって、かえるとき、おかね１００円で、おにいちゃんと、ふたりでたべたので、いやでした。ほんとうは一人で１００円のほうがよかったです。だけど、おかねが、もったいなかったから、やめました。
>
> むだづかいはやめようと思います。

この子は、「一人で100円使いたかったけど、もったいないからやめました。無駄づかいはやめようと思っています」と述べています。子どもは常に無駄づかいはやめようと考えているので、ここで勇気づける助言が必要となるでしょう。

こづかい日記　五年　近藤千晴
九月七日の土曜日に、習字の帰りに伊藤ひろ子さんとアイスクリームやくじを引いて全部で200円ぐらい使ってしまった。
あとからあんまりつかわないほうがよかったなと思った。

この子も一度に200円使ってしまい、あとから、あまり使わない方がよいと反省しています。わかっていても使ってしまうのが子どもです。上手な使い方には塾帰りといえども、一度に使うことを我慢することも必要で、ここに指導の糸口があるでしょう。

九月一一日　六年　星野嘉子
今日、天気がものすごくいい日なので、山口さとみちゃんとその子のいもうとと、学校に行きました。あそんでいるうちにとてもあつくなったので、アイスクリームを買いに行きました。
それから、山口さんの家に行って、べんきょうをやっていたら、またあつくなったので、またアイスクリームをかってしまいました。この日は、合計100円使ってしまったので、今度からは無駄づかいをやめたいと思いました。

この子も一度に100円使ったから無駄づかいをやめようと言っています。子どもたちはこづかい日記を書くことによって、こづかいの使い方を振り返り反省します。無駄づかいをやめようと考えています。三人とも自己の使い方を見つめ、何とか使わないようにと反省して、しかも、そこには子どもの内面が見えて、どうにもならないことを訴えているのです。子どもには、日々の生活で、こづかいをうまく使いたい願いが内面にあります。こづかいを使うと勿体ないとか、無駄づかいをやめようとか、望ましい使い方を見つけ出していない心の弱さを物語っています。教師の助言が必要です。教師は子どもの使い方を把握し、指導に役立てたいものです。

次は、作文を紹介しましょう。まず、男の子の作文からです。

ぼくのおこづかい　五年　白井貢司

ぼくのおこづかいは、一ヵ月1000円だ。夏休みには、プラモデルを買おうと思っていた。でも高かったからやめた。でも、七夕祭りの時おばあさんが500円くれた。だからそのお金でプラモデルを買った。でもその時は、安売りだったので、500円で三つ買えた。そのときは「プラモデルを前に買わなくてよかったなあ」と思った。それからプラモデルをぼくのこづかいで買わなかったので毎日少しずつ使っていろいろ買っていた。

毎日ぼくは、こづかい帳を書いた。長かった夏休みも終った。九月五日には九月分のお小遣いをもらっていま少しづつ使っている。これからも毎日むだづかいをしないように使っていこうと思う。

それからこれからあまりプラモデルを買ったりしないで貯金をしようとしている。一カ月1000円もらったら、300円から500円ぐらい蒲信に貯金してたくさん貯めておくようにしようと思う。


日頃からのプラモデルを買いたい願望も、買ってしまえばもう買わないで貯金しようと考えています。おこづかいの経験主義が見られるのです。また、この子はこづかい帳をつけているので、無駄づかいしない考え方もうなづけます。

次は女の子の作文です。

こづかい　五年　本田宏美
わたしは、毎月500円ずつこづかいをもらっている。前までは、毎月400円だった。あまり貯金はしていません。多くは、おかしでこづかいを使っている。

500円ではすくないくらいなので、600円にしたいくらい。

こづかいをもらっていても、買い物の帰りに、チョコレートを買ってしまうことがある。むだづかいをしておこられてしまうこともある。

マンガの本を買うと500円が一度に少なくなるので、もう少しふやしてもらいたい。

お正月に、お年玉をもらうと、お年玉は、全部貯金にするけれど、こづかいだとどうしても使いたくて初めの一週間で200円もつかってしまって、二週目も200円ぐらい使ってしまうと、あとは100円しか残らないこともあった。だいたい一週目で100円二週目で100円で三週目も100円、四週目も100円ぐらいなら、よい使い方に、なると思ったけれど、実際やってみると、よい使い方にはなれない。おかしばっかりでなく学用品などにも、使ったほうがよいと思った。

　学用品を買うときは、お母さんにすぐにお金をもらってしまう。今度からは、おこづかいを増やしてもらって、学用品でも、自分のおこづかいを使うようにしようと思う。


この女の子は無駄づかいする内面の弱さを訴え、よい使い方を求めています。

その一つが学用品もこづかいで賄うことです。計画的な使い方をほめ、後押しできる助言が必要です。

(2) 甲府市立池田小学校の年間計画

甲府市の池田小学校は金銭教育指導計画を全学年にわたって立てています。その中で直接こづかいの指導にかかわる計画を拾い出してみると次のようになります。（注1）

学年	主題名	学年のねらい
一年	こづかいの使い方	定期的に与えられるこづかいや、臨時にもらうこづかい（お年玉・おだちん）を合理的に使う方法を考える
二年	お年玉はどこへいった	なぜ物を大切にしなければならないかを理解させ、物を大切に使ったり、始末しようとする
三年	こづかい帳のつけ方	物やお金の値うちを考え、自分のものだけでなく、お金や品物を大切にしようとする気持ちを育てる。こづかい帳のつけ方について、ことがら・入ったお金・出たお金・残ったお金の説明を聞く
四年	わたしのこづかい帳	こづかい帳の意味を考え、物の価値をいかしてお金をだいじに使おうとする態度を養う
五年	こづかいの使い方	こづかい帳をつける意義を考え、あらかじめこづかいの配分計画を立てて、それに基づいたこづかいの使い方ができるようにする

六年	見とおしをつけて	むりのない、見とおしをつけたこづかいの使い方、有効な金銭の使い方ができるようにする

各学年でどのように指導するか、学年のねらいを立てるには子どもの発達に応じた指導計画を立てることが必要です。三年生で初めてこづかい帳の指導があり、五年生でこづかいの配分計画をたてる指導となっています。

こづかいの指導は三年に計画されているようにこづかい帳をつけることが指導のかなめです。こづかいの指導は、こづかいの記録が何よりも大切なことです。三年生で計画されている点は発達段階から見て評価されるところでしょう。

しかしながら、低学年にも何らかの方法で記録させたいところです。低学年にはこづかい帳の記入は無理なので、これに変わる簡単な様式を考えましょう。四年生からの高学年にはこづかい帳を中心にこづかいの指導となっていきます。四年生は上手に使うためのこづかい帳であり、五年生は予算配分の指導であり六年生はその延長で無理のない有効な使い方の指導となっています。

(3)　学年別の指導のねらい

こづかい指導はこづかいの記録が出発点であり大事なことですが、一年生からこづかい帳をつけさせることには抵抗があるでしょう。発達段階から見ても無理のない様式を考慮することです。

高学年は定額制にして予算を立てますが、一年生は一日単位の定額制を実施したいです。二年生は一週間分の定額制で行わせます。三年生は期間を長くして一ヵ月単位の定額制です。一度に与えると、不安の場合には金額は親が預かり、決められた額内なら自由に使えるように親と話し合うことです。こづかいの指導には、教師と家庭の連携が極めて大事なのです。

一年生には一年生なりに可能な記録方法を考えねばなりません。入門期には使ったか使わなかったの記録から始めましょう。それにはカレンダーを利用することです。一年生は一日単位の日給制で、カレンダーに使った日には○、使わない日には×をつけ、月末に使った日数、使わなかった日数をまとめさせる簡単な様式です。そして感じたことを一言書かせる指導がよいでしょう。

二年生は週給制を目途にこづかいの上手な使い方を話し合い、そのためには使った日・事柄・金額の3点を記録させるとよいでしょう。二年生はこの記録で、一週間ごとに区切るのが適当です。このような様式は教師が作成し印刷することです。

三年生は、一〇日か半月あるいは一ヵ月単位にして、日にちと使い方と金額を記入させるとよいでしょう。月末には何に使ったか、学習のためか遊びのためかあるいは菓子代なのか項目別に使った金額をまとめさせましょう。

四年生以上は予算生活で、市販の出納簿様式も使えるようになるので、その様式に従って自分の使い方を記録させ、月末には項目別にまとめさせましょう。自分の好きなことや趣味などに使うことの意義を指導したいです。読書の好きな子には図書費の増額など、個性の育成にこづかいを使うように指導したいです。

五年生は先の池田小学校の計画にあるように、自分に合った自分のためになる使い方の配分計画を立ててうまく使えるようにさせましょう。計画的な使い方と同時に趣味費や図書費、あるいは研究費など個性的な項目ごとの使い方の大切さを教えたいです。

六年生は五年生に引き続き、配分計画に従って、自分の特技になる使い方や個性の伸長に役立つ望ましい使い方を学ばせたいです。

こづかいの指導は使いっぱなしでなく、まとめ整理し、反省させることが大事です。どのように使ったか、何に使ったか整理しまとめられれば、自分の使い方を考えるきっかけとなり、反省するようになります。整理まとめることは次の使い方の目安になるので、こづかい帳をもとに整理させましょう。

2　こづかいの使い方の学習

(1)　新城市立千郷小学校の指導案（三年）

ここで、こづかいの使い方の学習指導案を紹介しましょう。（注2）

新城市の千郷小学校の三年生（松組）のこづかいの指導です。

単元：上手に使おうおこづかい（五時間完了）

単元目標：日ごろのおこづかいの有効な使い方を考え、無駄づかいをなくし、お金を計画的に使おうとする態度を育てる。

具体目標として

・こづかい帳を毎日つけていくことで、自分がどんなものをどれくらい買っているのか、その使い方について振り返ることができる。

・いろいろな物の値段や大人が働いて得る収入などを、自分が使っている金額と比べることでお金の価値を見直すことができる。

・こづかい帳でお金の使い方についてふりかえり、これからの使い方やお年玉の使い道について、自分なりのめあてをもつことができる。

金銭教育とのかかわり

三年生の子どもたちは、月決めでおこづかいをもらっている子、その都度もらっている子と様々なおこづかいのもらい方や使い方をしている。また、行動範囲も広がり、遊びに行ってつい物を買ってしまうなど、お金を使う機会も増えている。このような金銭感覚についてはまだまだ曖昧な面も多いので、こづかいについての細かい計算や計画立てまではできないにしても、自分のお金のつかい方について振り返り考える姿勢を育てていきたい。

そこで、本単元では、こづかい帳をつけて自分がどれだけどんなふうにお金を使っているか確かめさせたい。また、自分の使い方を発表したり、友だちの使い方についての話を聞いたりしながら、三年生の子なりにお金の価値を見直させ、こづかいの使い方についての考えを深めていきたい。

単元構想及び他教科とのかかわり：

上手に使おうおこづかい　自分ではどんなふうにお金を使っているのかな？

社会科：わたしたちのくらしと商店の働き

・買い物調べ

おこづかい帳をつけてみよう①

自分で買い物した金額を書いておこう

※その都度もらって買った場合もつけておく

これまでどんな使い方をしたのかな③　本時三／五

九月、十月にはどれくらい使ったのかな？

使ったおこづかいの様子をグラフにしてみよう　算数表とグラフ

おこづかいの使い方についてめあてを決めよう

めあてを守っておこづかいをつかったか確かめてみよう

※一週間ごとにこづかい帳を整理し確認させたい

お年玉の使い方①　※十二月中旬

お年玉の使い方についてめあてを持とう

本時の指導

1　目標

日頃のこづかいの使い方をふりかえることで、これからのこづかいの使い方についてめあてを持つことができる。

具体目標

・十月のこづかい帳をもとにして、自分が何にどのくらいおこづかいを使ってきたのか、確かめることができる。
・友だちのこづかいの使い方を聞いて、これからの使い方について考えることができる。
・こづかい帳でお金の使い方についてふりかえり、自分たちが欲しくてよく買う物と日常の物と価格を比べることでお金の価値を知り、自分なりに使い方についてめあてを持つことができる。

2　金銭教育とのかかわり

子どもたちのこづかいのもらい方は様々であり、たくさん使う子もいれば家の人に買ってもらっていてあまり使わない子もいる。しかし、子どもたちのお金に対する価値観は曖昧で、つい物がほしくなって買ってしまうことがある。本単元では、こづかい帳をつけて自分がどれだけどんなふうにお金を使っているのか確かめさせたい。また、自分の使い方を発表したり、友だちの使い方についての話を聞いたりしながら、子どもながらのこづかいの上手な使い方やお金の価値について考えを深めさせたい。

３　授業の展開

十月に使ったおこづかいについて考えよう．（15分）
使ったこづかいのグラフを見て気づいたことを発表しよう
何に多く使ったかな？
※予想される発言省略
おこづかいは、月にどのくらいいるだろうか（20分）
みんなが買いたい物と家の人が買うものをくらべてみよう
自分がつかうおこづかいの金額を決めよう
おこづかいの使い方のめあてを決めよう！（10分）
一週間のこづかい帳で確かめてみよう
一週間のこづかい帳をつけよう！（次時へ）

この授業から学ぶことはまず、こづかいの指導に当たり、自分たちのこづかい帳を学習材料に使用しているところです。自分たちのこづかい帳が学習の資料となっています。具体的な身近な学習教材は指導効果を上げるうえにおいてきわめて大事なことです。

また、こづかい帳も一週間となっていることも注目しましょう。子どもの発達段階を考慮してのこづかいの記録のさせ方です。

また、こづかいの額や使い方のめあてを決めるのに、このような学習過程を経て、なるほどと知的理解を持たせている点も大事なポイントです。本授業に先立ち、社会科で買い物調べの学習、次にこづかい帳をつけてみようの学習があり、それを受けて本時の使い方の学習となっており、間を設けた学習過程となっています。しかも本時は前時を評価する授業でもあり、「めあてを守っておこづかいを使ったか確かめてみよう」と問題解決の学習となっています。

このことが極めて大事です。知的理解もなく、単に無駄づかいをやめようだけでは指導にはなりません。また、こづかいの指導にこづかい帳の記録から学習することはきわめて効果的な指導です。こづかいの指導にはこの授業のようにこづかいの記録に基づく指導が効果的なのです。

この授業は単元「上手に使おうおこづかい」（五時間完了）の中の授業となっています。この単元展開には「他教科とのかかわり」が明記されています。最初は社会科の指導となっています。自分はどんなふうにお金を使っているのかな？　と関心を持たせて、わたしたちのくらしと商店の働きで買い物調べをしています。

このような指導は注目すべきです。こづかい指導に教科を上手く絡ませて指導しています。こづかいを上手に使うとか計画的に使うにはそれに応じた知的認識が育つことが大事です。子どもの経済観念には知的理解の裏付けや関連的理解が不可欠です。子どもの考えが深まるところに経済観念も深まるのです。こづかいの指導はその場だけの指導ではなく、知的理解にもとづく指導でありたいものです。家庭でのこづかいの使い方の指導と異なる点は、その場限りのこづかいの使い方だけでなく、それを取り巻く関連的な知的理解を指導できるのが、担任の強みです。こづかいの指導は関連的に知識理解を与えて、子どもの考えや知識を育てることが大事なのです。

(2)　碧南市立中央小学校の指導案（四年）

次は、碧南市の中央小学校の四年の学級指導の指導案です。（注3）

主題：こづかいの使い方
ねらい：こづかいの使い方を反省し、無駄づかいをしないで計画的に使えるようにする
授業展開の大要
導入1、T男のこづかい帳を見てその使い方の問題点を見つける
○こづかい帳を見て、気がついたことを発表する
・もらった日にたくさん使っている
・と中から、あまり使ってない
・遊びのためのものが多い
・ごほうびを2回もらった

ここで、「もらった日に、無計画に使っていること」と、「と中から我慢し、欲しいものだけ買うようにしていること」の2つに問題をしぼる。

展開2、こづかいの使い方の失敗例を話し合う

○今までに、よくない使い方をした、もう少しがまんすればよかった、無駄づかいをしたと思ったことを話し合う。

・食べ物、飲み物に使いすぎた　・遊びに使いすぎた

・買ったけど、あまり使わなかった　・高いものを買ったので、あとで欲しい物が買えなかった

展開3、こづかいの使い方で、上手に使った例を話し合う

○今までに、こづかいをうまく使ったと思うことを発表する

・欲しい物があるので、他の物は買わないで貯めている　・気に入る物がなかったので、やめた

・プレゼントしたら喜んでもらえた　・食べ物、飲み物は家にあるので使わない

・学用品だけ買うようにしている

終末4、これからの使い方について、各自の決意をカードに書く

○こづかいの使い方で、こうしようと思ったこと、気をつけようと思うことをこのカードに書く。

評価

○このカードをしおりなどに使って、こづかいをよく考えて使うようにがんばりましょう。

○こづかいの上手な使い方やそうでない使い方について知り、自分の使い方について考えることができたか。
○こづかいをよく考えて、計画的に使おうとする意欲が高まったか。

こづかいの指導は、このように子どものこづかい帳から話し合うということが、指導の基本です。子どもたちは互いによい点を学べるし、刺激を受けるからです。言葉だけで子どもの具体的な資料もなく計画的にとか上手に使おうというのでは指導になりません。

こづかい指導の授業で注目すべきことは、終末で教師がまとめてしまわないことです。この授業は一人ひとりの子どもが各自の決意をカードに書く指導で、個人の考えが生かされるようになっています。個々の子どもは課題をもって授業に臨み、より確かなものに発展させています。それを教師の言葉でまとめてしまうことはよくないからです。

子どものこづかい指導は、授業の終末をどうするかが大事になってきます。簡単にまとめてしまえば外れる子どももがいます。これは、子どもが一人ひとりが主体として参加しており、自己の考えを変革させている現実を確かなものにする、その見本となる授業の終末の仕方を見せているのです。

こづかいの指導には、評価にもあるように「こづかいをよく考えて、計画的に使おうとする意欲が高まったか」が大事です。計画的に使い子どもの成長に役立つ指導を考えていきましょう。こづかいの指導はそこに集約され、そこを目指すべきなのです。

計画的に使わせて子どもの成長にプラスとなるこづかいの指導はどうあるべきか、それは子どもに発達段階に応じた予算生活を指導することなのです。

(3) 京田辺市立大住小学校の指導案（六年）

こづかいの指導に大事なことの一つに継続指導があります。継続的に指導し子どもの成長を見守り励ますことです。

次の事例は、京都府の現・京田辺市立大住小学校六年生の一年間通しての指導例です。（注4）

一学期○学級指導の時間に
① おこづかいはどのくらいもらっているか（あらかじめ調査したものを見て）
② おこづかいを何に使っているか（あらかじめ調査したものを見て）
③ 無駄づかいしないように計画を立てて使おう
④ こづかい帳をつけよう
などを話し合い、こづかい帳を配布し、記帳方法を指導した。
・修学旅行のおこづかいの使い方を計画させ、実践した記帳をもとに反省させた
・学期末にこづかい帳を点検し、夏休み中のこづかいの使い方について話し合い、計画的に使うように考えさせた

二学期○夏休みにつけたこづかい帳をもとに、こづかいの使い方を反省させ、無駄な使い方の原因を考えさせ、改善法を話し合わせた。

①　お金はどんなにたいせつか（少しのお金がないために困ったこと）
②　みんなの勉強道具やその他使っている物を見直してみよう
③　無駄に使っているものはないか、まだくふうして活用できるものはないか
④　くふうして、計画を立てて使うようにしようと指導し、実践化できるものを考えさせた

・学期末冬休みのこづかいの使い方（特にお年玉の使い方）について話し合い、計画をたてさせ全員かならずこづかい帳をつけるよう指導した

三学期○冬休みにつけたこづかい帳をもとに反省し、貯蓄の意義を話し合った

こづかいの指導はこのように計画的に、しかも一度だけでなく継続的に指導することが大事です。一学期から三学期まで年間通しての指導になってきます。これは子どもが理解し実践するには過程や経験が必要であることを物語っています。

指導に際しては、子どもの使い方を事前に調査しています。無駄づかいをなくすために、こづかい帳の記入を勧め、こづかい帳を配布しているのです。あくまでも計画的な指導となっています。

指導過程に夏休みと冬休みを意図的に取り入れている点も評価したいです。こづかいの指導は常に見守ると同時に、開放して、子どもの自主性を見守ることが大事です。子どもがこづかいを計画

的に使うことによって成長の機会となります。教師はそれを支援することです。

冬休みのこづかい帳をもとに貯金を指導しています。冬休みはお年玉などで子どももお金は豊かになっているので、貯金を教えることは有意義な指導です。こづかい帳の実態から貯金を指導することは効果的な指導です。子どもの貯金の指導は、子どもがお金持ちになった時が効果的なチャンスなのです。

最後に一つ指摘したいのは子どもの無駄づかいについてです。何をもって無駄づかいとするかは簡単ではありません。そのためには予定のもとにどう使ったかが一つの判断の基準になります。それには定額制による使い方、予算化による使い方を体験させることが大事です。

3　こづかい帳の学習

こづかいの指導はこづかい帳から始まるように、こづかいの記録が大事になります。こづかい帳をつける学習を紹介しましょう。（注5）

山梨県の富士河口湖町立大石小学校の五年生の指導案で、目標は「こづかい帳をつける必要性を知り、継続してつける実践的態度をやしなう」となっています。

指導内容	学習活動
・こづかい帳をつける必要性を理解させる。 ・いつ、どんな方法でつけるかを考える。 ・こづかい帳をつける計画をたてる。 ・継続してつけるやくそくをする。	・こづかい帳をつけたことがあるかどうか話し合う。 ・なぜつけた方がよいか話し合う。 ・つけたことによって、よかったなあ、ということについて発表させる。 ・長続きする方法について考える。 ・長続きしない理由の追及、問題の発見、解決の方法 ・こづかい帳をつける目的に合った内容について話し合う。（条件） ・続かせるためのくふうについて（より簡単にするために） ・形式を話し合いつくる。 ・自分たちの考えたことを自覚させる。

授業実践から、「めんどうくさがらずにつけるくふう」として、

①　机の上にこづかい帳を置く
②　時間表の中に記入しておく
③　一日の日課の中へ位置づけておく

ということが話し合われました。子どもらしい考え方です。本を正せば、こづかい帳をつけることは面倒であるし、なぜつけるのかが理解されないと長続きもしません。

こづかい帳　五年　尾崎弘直

ぼくはこづかいちょうをつけなかった。理由は一月までつけていたけれど、ほかの勉強をしなければいけないと思って、こづかいちょうをつけるのをさぼってしまった。こづかいちょうは、どれだけ使ったか反省できるので、つごうがよいものだと思う。

それが、僕はやってないので、これからはつけたいと思います。

次は、こづかい帳のつけ方の指導についてです。

すでに述べたように、こづかいの指導は、こづかい帳をつけることがきわめて大事であり、また大事な出発点でもあります。子どもは日々忘れないように積極的にこづかい帳に記録していますが、記録の仕方が間違っている子が多いです。次はその例です。

三年生のある子は、次頁の上の表のようにつけています。正確に記録していますが、収入と支出が同一欄になっています。また、収入は誰からもらったか不明です。

同じく三年生の記録を紹介しましょう。次頁の下の表のものです。（資料が少し古いですがご了承ください）しかしながら、母親からの収入と食べ物の支出を分けて記入していますが、画用紙の購入欄は間違っています。三年生では市販の出納簿様式では無理な点もあるでしょう。

三年　K・N子

日	ことがら	はいったお金	出たお金	のこったお金
7.21	アイス30円ガム20円	430	50	380
7.22	ガム20 x円チョコ20円	50	40	390
7.23	アイス30円プウプウ50円	50	80	360
7.24	ジュース30円色紙30円	50	60	350
7.25	プウプウ50円	50	50	350
7.26	リリアン40円ガム20円	50	60	340

三年　S・T男

日	ことがら	はいったお金	出たお金	のこったお金
7.21	おかあさんからもらった	315		315
7.21	たべ物		100	215
7.21	がようし2まい	120	80	255
7.22	日記帳		70	185

次は、下図の四年生のこづかい帳です。

三年生同様に、収入と支出を同一欄に記入しています。ここにも記録の仕方の指導が要求されています。月末にこのようにまとめているのは素晴らしいです。

貯蓄増強中央委員会の発行する子ども向けのこづかい帳には整理するように、その項目が明示されていました。この子はそれに従ってまとめています。

正確につけている例を載せましょう。（次頁の表）同じく四年生です。

この子は正確に記録していま

四年　Y・N子

日	ことがら	はいったお金	出たお金	のこったお金
7.21	たべもの	100	50	50
7.24	たべもの	50	40	10
7.29	プレゼント	1000	750	250
8.19	プレゼント	1000	500	30
8.20	がようし	50	20	30
8.25	どうわの本	1000	480	520

以下略

月末には次のようにまとめている。

1　勉強のため（学用品・本など）510円

2　遊びのため（しゅみ・おもちゃなど）390円

3　人のため（プレゼントなど）1900円

4　その他（たべものなど）190円

5　貯金　1000円

合計3990円

す。しかも、月末には次のようにまとめています。

一　勉強のため（学用品・本など）８２０円
二　遊びのため（しゅみ・おもちゃなど）５１０円
三　人のため（プレゼントなど）０円
四　その他（たべものなど）８１０円
五　貯金　２５００円
合計　４６４０円

四年生になれば市販の出納簿様式が使えることを示しています。

このようにづかいの記録をし、月末にまとめているのだから、ついでに気づいた点など反省も記録させれば申し分ない指導です。反省を書くことは翌月の使い方を考えるきっかけにもなる大事なことであるのです。

こづかいの指導は、記録させることが極めて大

四年　鈴木敦子

日	ことがら	はいったお金	出たお金	のこったお金
7.21	お母さんから	500		500
7.21	ハンバーガー		300	200
7.23	お母さんから	100		300
7.24	そろばんのしけん		300	0
7.25	お母さんから	400		400
7.26	コーラ１リットル		180	220
8.1	お母さんから	340		560
8.3	なかよし		340	220

以下略

事なことです。記録させれば気づくことがあり、反省材料になります。「無駄づかいするな」でなく、こづかいの使い方を子ども自身に気づかせることが大事です。気づかせるにはまず、記録からなのです。こづかいの記録について、すぐにつけないので忘れてしまい、何に使ったか使途不明金が出る場合があります。帳面づらだけで合わす記入にならない配慮を教師は心がけたいです。

子どもの中には、次のように正直に記入してくる子もいます。不明金ではなく、「迷子」としてきちんと記入した子どもです。

五年　竹島小　中川学級

日	ことがら（摘要）	はいったお金（収入）	出たお金（支出）	のこったお金（残金）
6.1	おこづかい	2000		2000
	前半略			
20	おかし		100	986
22	ジュース		90	896
27	おかし		100	796
29	かりたお金		140	656
30	迷子		6	650

担任教師は、「『迷子』とはゆかいだね。『迷子』のことかいてね」と指導している。

	計画	実際
①勉強のため（学用品・参考書など）	200円	0円
②遊びのため（趣味・おもちゃなど）	380円	380円
③人のため（プレゼント・助け合いなど）	60円	0円
④その他（食べ物など）	900円	945円
⑤貯金	200円	146円
合計	1740円	1471円

反省　2000円のわりには多く残った。

次に夏休みのこづかいの整理の記録を紹介しましょう。

　夏休みのおこづかい　六年　酒井隆弘
１　総額２６６０円
２　使った内容
○学用品（八つ切り画用紙20円・原稿用紙２００円・厚紙40円）
○スポーツ用品（軟球３５０円）
○飲食物（ポテトチップス１２０円・ガム80円・飴50円）
○プレゼント（サイフ１８００円）
３　貯金５００円
４　反省
よい点
・去年より、飲食物による無駄づかいが見られなかった。
・去年は貯金を全くしなかったけど、今年は少し貯金をした。
・去年より、学用品を買った。
悪い点
・お菓子は、去年より買うのが少なくなったものの、家にあるお菓子がある時も買ってしまったので、無駄づかいになった。

5　感想

去年、市民プールに行って感じたことがあった。それは、入場料だけで１５０円もとられ、なおかつ、泳いでいるとおなかがすくので、お菓子も買ってしまう。そうすると結局無駄づかいになる。こんなことなら学校のプールへ行った方がよいと思い、今年は行かなかった。

この子は無駄づかいを、「家にお菓子がある時も買ってしまったので無駄づかいになった」と考えています。家のお菓子と結び付けて、無駄づかいと指摘しています。事実と関係付けての判断です。無駄づかいも、そのような個人的な経験から具体的に学ばせることが必要かつ大事なことです。

こづかい帳から自分の使い方を、よい点、悪い点と自分で判断できるところにまとめることに意義があります。自分の消費行動を反省させることができるのが、こづかい帳です。

子どもは自己の無駄づかいをなくそうと努力し、無駄づかいしない使い方を子どもなりに真剣に手探りしています。教師の適格な助言を待っているとも言えるでしょう。

こづかいの指導をしても使いっぱなしで記録もなければ、また、たとえ記録しても、まとめの反省がなければ指導も中途半端になるでしょう。

子どもの合理的に使いたいという願いが成長へのかてとなっています。無駄づかいする内面の弱さから正面に受け止め、自己の消費生活を改革しようとしています。この内面的な動きを受け止め指導に生かすことこそ、こづかい指導の原点です。

４　子どもを育てる定額制

こづかいの指導で大事なことは、自分の考えで計画的に使わせることです。「無駄づかいするな」でなくて、どう使いたいかを考えるゆとりを持たせることが大事です。そのための方法の一つが、期間と金額を決め、自由に子どもの判断で使わせる定額制の導入なのです。教師はこの趣旨を家庭に連絡し協力を得なければなりません。

定額制にすることは低学年では無理な点が多いので、それに応じた与え方を工夫することです。

低学年の一年生には、一日どれ程か金額を決めてそれ以上は与えない定額制です。

二年生は一週間にいくらと決めておき、それ以上は与えない定額制です。すぐ一度に使ってしまう恐れのある場合には、お金を母親が預かることもできるでしょう。

三年生はこの期間を一〇日とか半月に期間を長くします。

四年生より高学年は、期間を一ヵ月にして、与える金額を決めることです。その範囲内なら、自由に使わせ、それ以上は与えない定額制です。

もっとも、こづかいを与えるのは、家庭であるので、この趣旨を保護者会などで母親に徹底するよう働きかけが必要です。

教師がよいと思っても、家庭がそのようにならねば、指導が空回りすることもあります。家庭との連携という、こづかい指導の課題の一つがここにあります。

こづかい指導には期間を決めて定額制にし、考えさせるゆとりから計画的に使うよう導くことです。そして使い方を記録させることです。

定額制にしてその範囲内なら自由に使える制度にしてはじめて考えて使ったり計画的に使う道が開けるのです。自由に使えるからこそ、考えたり、計画的に使うことが可能であって、考えるゆとりを持たせてこそ、計画的に使う道が開けるのです。

注1 『金銭教育研究校の実践報告集』 貯蓄増強中央委員会編 甲府市立池田小学校 一九七六年 二四〇頁

注2 「新城市立千郷小学校学習指導案3松」 一九九七年

注3 「碧南市立中央小学校金銭教育特設授業指導案」 四年 小遣いの使い方 一九八六年

注4 『金銭教育研究校の実践報告集』 貯蓄増強中央委員会編 京都府綴喜郡田辺町立大住小学校年間計画 一九七六年 三九六―三九七頁

注5 『金銭教育研究校の実践報告集』 貯蓄増強中央委員会編 山梨県南都留郡河口湖町立大石小学校 一九七六年 二八二頁

第6章　予算生活の指導

1　子どもと予算生活

子どものこづかい指導の究極のねらいは、予算生活を効果的に営んで自主的な人間形成を図ることです。中学年になれば子どもは「こづかいを使うことを通してこづかいの予算化を理解し始める」のです。

予算生活は子どもの日常の消費生活から考えて、一定期間のこづかいをあらかじめ子どもと相談して支給金額を決めて、その額内なら子どもに自由に使わせます。なくなったと言ってきても、それ以上は与えないで辛抱させます。

ここで、予算生活について言及した子どもの作文を紹介しましょう。

予算生活について　六年　藤井米子

予算生活を一番最初にはじめたのが四年生の時だった。はじめは、決まったお金だけもらってきちきちとやるのがいやでやめたりやったりしていたが、五年、六年になると、計算して「今月は、これだけ使った」と思うのがおもしろくなってきた。

それから、予算生活をして一番言いたいと思うのは、お金を使わなくなったということだ。赤字になると、めんどくさくなるので菓子しゅみをそんなにつかわなくなって、予算生活をしてお金がだいじだということが余計に分かってきた。

　この予算生活をすると大人になっても計画的にうまくお金を使うことができるだろう。家でも、月の終わりごろになると「生活費を使ったなあー」とみんなで言うがそれを言っただけで、いくら使ったかわからないので、家でも予算生活に似たのをやることになった。月の終わりにそれを計算すると生活にいったのがいくら買ったかわかるので便利だと言っていた。

　こんどは中学へ進む。そうすればよけいお金をうまくだいじに使わなければならない。こういう時には、きっと予算生活が大事だという事がわかるだろう。


この子は大事なことを述べています。予算生活をするようになってお金を使わなくなったし、予算生活をしてお金が大事だとわかったと言っているのです。

予算生活は月初めにまとまったお金を渡すので、お金がたくさんいるとか、自由に使えるから無駄づかいになるなどと考えがちですが、そうではありません。予算生活は自由に使えるのに自由に使わず考えて使うようになります。ここに実施する価値があるでしょう。考えて使うところに子どもの成長が約束されるでしょう。この子はお金がたくさんいる中学こそ、予算生活が必要だと考えています。

また、家庭の消費生活にも影響させたというのは特筆すべきことでしょう。

今度は予算生活を行っていない子どもの作文です。

予算生活について　六年　岡崎ヨウ子

私は予算生活をやっていませんが、友達はやっています。友達に聞くと「予算生活をしているといいぞ、ヨウ子ちゃんもやれやれ」と言います。私は予算生活をやりたいけど、家の人は、だめだと言います。家の人に聞くと「無駄づかいをするからだめだ」と言う。私はべつに、無駄づかいをしていません。でも家の人にはこう見えるのでしょうか。私が予算生活をやりたいというのは、予算生活をしていると無駄づかいはしないし、お金がすぐいる時など、べんりだからです。

私たちの組の人は、大部分が予算生活をしています。でも私とはんたいに予算生活はいやだという人もいる。そういう人は、お金がたりないか、それとも計算が合わないのか、知らないがいやと言う人がいる。私はやりたいと思います。

本人は無駄づかいしていないのに、親が予算生活はダメだという事でやらせてもらえない事例ですが、子どもには、さぞかしつらいことでしょう。このような子どもの場合には、家庭と連絡を取り趣旨を説明して、子どもの希望をかなえたいものです。

その都度与えていれば、無造作にそのまま使うのが子どもです。考えて使うというよりはむしろ惰性的に使ってしまいます。

予算生活の指導は、こづかいをうまく使うことによって自主的な子どもを育てることが大事です。

指導の奥には子どもの人間形成ということを忘れてはなりません。こづかいの使い方を通して、子どもの自主的な成長を図るのです。予算生活の実施は、それをきっかけに子どもの成長、自己変革を願うものです。

こづかいの指導には約束が必要で、これは子どもの考えや信頼感を育てます。

一日の定額制から週給制、一〇日制、あるいは一五日の半月制と期間を長くし、同時に金額も増やして自由に好きなように使う楽しさを体験させましょう。

期間が長くなればその期間内にどう使うか、計画を立てて使うように指導します。そこには学習に使うお金、菓子や遊びに使うお金と予算を立てる指導が必要になってきます。こづかいは思慮深く考えて計画的に使わせるために、あらかじめどんなことに使うか予定を立てることが大事です。

①　もらう額を決めるということ
②　上手に使うには使い方を考えること
③　予算化する
④　使い方を記録すること
⑤　使い方をまとめ反省し次の使い方を考える

これらが大事です。

こづかいをはなんとなく惰性で使っているのでは、効果的な使い方は期待できません。使い方に何らかの制約や刺激があってこそ、使い方を考えるので、そこに子どもの成長が期待できる大切な指導となるのです。

子どものこづかい指導で、無駄づかいをなくし、上手に考えて使うようにするには、定額制（予算生活）でお金を渡すことです。

子どものこづかい指導の落ち着くところは、年齢に応じた予算生活をさせることです。

教育的なのは子どもに渡すこづかいをあらかじめ決めておき、その枠内ならば自由に使わせ、使わない場合は子どものお金として翌月に回すか、貯金に回す仕組みです。

額を決めて与える与え方には発達段階によって異なります。一年生は一日の定額制です。高学年は定額制の期間が一ヵ月の長期になります。その枠内なら自由に使える楽しさがあります。定額制だから使ってしまえば追加分をねだることがあっても支給しません。自由に使えるからこそ、使い方を考える様になるのです。定額制は考えて使う子どもの育成です。こづかいの指導で大事なことは、考えて使う、計画的に使う子どもの育成であり、それによって子どもの自主性を育てることです。こづかいの指導は子どもに「考える機会」を与えることが大事です。額を決めておけば、その額内でどう使うか考えるからです。

2　予算生活の指導事例

道徳のところで実践例としてすでに紹介したこづかいの指導「僕の月給」は、上手な使い方として予算生活を取り上げています。

学級指導で、お金の上手な使い方として、長野県木曽郡贄川小学校の六年生に予算生活の指導例があります。紹介しましょう。（注1）

教科等：学級指導

主題：こづかい帳の活用

主眼：結果の記憶に終わりがちな出納帳を反省し、合理的な予算計画が立てられるようにする。

留意点：高度な要求をせず、大まかな配分ができたらよしとしたい。

時間	学習問題	学習活動	指導
15	1　こづかい帳の良さはどんなところにあるだろう。	1　こづかい帳をつけていていてよかったことを話し合う。	・収支がはっきりすること、残額も明らかになり記録性という点でも効果的であることを意識させる。
	2　こづかい帳の利用はこれだけでよいだろうか。	2　「Tさんの五月の反省と六月の予定」を見て話し合う。	・Tの予算書を提示し、自分たちのこづかい帳利用との違いに気づかせ、積極的活用のあることを知り、自己の姿を反省する。

時間			
20	3　予算はどのようにたてたらよいだろうか。	3　「Tさんの予定」について話し合う。 ・予定を立てる上に必要な条件を整理する。 ・前月のこづかい帳を整理しまとめてみる。	・予定の立て方、その良さについてTに質問する方向や、母の家計簿等の利用の知識を出させ話し合わせる。 ・話し合い質問等の中から予算を立てるのに必要な条件を整理させる。 〔必要な学用品・友人、家族の誕生日・欲しい遊びの品、貯金・その他〕 ＊あまり細分化させない。 ・臨時収入が意外に多いが、これを考慮に入れず、月定額のこづかいを中心に考えさせる。
	4　自分の予算を立ててみよう。	4　各自で翌月の収支予算計画を立てる。	前月の残金もあるので、本日の計画は当日修正させる。
5	5　友だちの発表を聞こう。	5　友だちの計画の発表を聞く。	・一、二名に発表させ、その根拠を話させ、努力してみるようはげます。

以上のように予算生活の指導をしています。学級の友達のこづかいの使い方（予算生活の学習）

で身近であるだけにその影響は大きいでしょう。僕もわたしもと、意を強くしたことでしょう。

こづかいの指導や学習には何よりもこづかい帳が大事です。学習が具体的であることは、理解しやすいですし、効果も大きいです。この学習も学級の友達のこづかい帳を利用しています。学習が生きてくるわけです。

こづかいの指導は、教師の言葉だけの指導でどうしても抽象的に流れやすいものです。これを救うのが子どものこづかい帳なのです。

この学校は、予算生活で月にいくらと決めて与える月額制の長所と短所を次のように分析しています。（注２）

長所	短所
１　貯金するようになった。	１　決めておいても超過する。
２　額を決めたら使い方を考えて使うようになった。	２　使うことに興味をもってだんだん沢山要求するようになる。
３　使い方に計画性を持つようにもなった。	３　家でおやつを用意しておいても、無駄な菓子を買ってきたりする。
４　額を決めると、あとをねだらない。	４　食べるよりお金を使うことに興味を持つ。
５　勉強後必ずその日の分を与えるので、帰宅後すぐ勉強をする。	５　勉強とおこづかいを関連させてもよいのやら心配だ。
	６　実につまらないものを買っている。

続いて額を決めて毎日与える場合の長所・短所を次のように挙げています。（注3）

長所	短所
1 無駄づかいがなくなった。	1 打算的になった。
2 計画的によく考えて使う。	2 けちけちするようになった。
3 貯蓄する気持ちが生じた。	3 少しまとまったお金を持つので気が大きくなる。
4 買い食いをしなくなった。	4 あまり必要と思われないものでも買うことがある。
5 自分自身で選択できるからよい。	5 一度にたくさん使いすぎて後で困る。
6 自分のおこづかいで買うものを大切にする。	6 計画を立てないと、月末にまた、こづかいを別に請求するように。
7 金銭の価値が理解されだした。	7 自分のおこづかいで買うことを惜しんで親に買ってもらいたがる。
8 物をねだらなくなった。	
9 社会的訓練になる。	
10 おこづかい帳をつけるようになった。	

「長所、短所として挙げている点を比較してみると、一定の金額を決めて与えた方が望ましいことが読み取れる」と書かれています。

事実、子どもの要求通りにその都度与える場合より、毎日の定額制の方が効果的なことがはっきりしています。まずは、貯金するようになること、これは驚くべきことであり、また、計画的に使うという事です。こづかいの指導には、与えられるこづかいについて、どう使うかを考えさせることの重要さが示されています。

さらに、一月にどれほどと額を決めて渡す月額制になれば、無駄づかいや買い食いをしなくなり、計画性を持ち、よく考えて使うなど、望ましい行為が見られます。さらに大事なことは経済観念や社会的訓練に貢献することです。

こづかいの指導は、一面子どもの生活の指導を担っているので、短所に見られることについても十分考慮して指導に当たる必要があるでしょう。「約束を守らない子ども」や「無計画に使いすぎる子ども」などの事例を、学級指導や道徳で取り上げたいです。

3　予算生活の指導

予算生活の指導は、「予算化を理解し始める」中学年の四年生から実施したいです。

お金を大切に使わせる指導は、学級指導で子どもにこづかいの使い方について体験発表させ話し合わせることです。教師が子どもの使い方について常に関心を持ち続ける事が大事です。

こづかい帳を見て、望ましい使い方あるいは個性的な使い方など、これならほかの子にも参考となろうというような使い方を発表させるのです。

使い方は子どもによって違いがあります。上手な使い方とそうでない使い方、買うものも違いがあるのです。指導にはこの上手な使い方を広く教材にすることです。

指導の場合、口答発表だけでなく、教師が予めこづかい帳を印刷し、学習資料として配布するとよいでしょう。同時に家庭への連絡に学級通信などを通じて子どもの上手な使い方を紹介することが大事です。こづかいの指導は、常に保護者に報告し理解と協力を得ることが不可欠です。教師と保護者が理解し合えるところに協力関係も生まれますし、子どもの指導もうまく回転するのです。

(1) 学年別の金額の目安案

こづかいの指導には、こづかいの与え方と同時にその金額がキーポイントです。その金額をどれほどにするかは教師が決めるわけではないですが、望ましい金額はどれほどがよいか、は教師として考えておく必要があるでしょう。まず子どもの日ごろの使い方から判断したいです。

望ましい額としては、一年生の日給制は一日に50円から１００円程度、二年・三年の週給制では一週間ごとに５００円から７００円程度、高学年の月給制では一ヵ月に２５００円から３０００円程度がよいでしょう。

こづかいを渡すのは家庭なので、教師ができることは、家庭に金額について、きちんと協力を依頼することでしょう。

(2)　予算の配分

上手な使い方をするためには、高学年なら項目別に予算配分して使わせたいです。予算生活を効果的にするには、予算化することです。決められた金額内で使うので、なんとなく使ってしまうのでなく、計画のもとに使うために、あらかじめ使い方を考えておく必要があります。

学習面にはどれほどか、菓子遊びにはどれほどがよいかと自分の生活から、あるいはこづかい帳のまとめから、どんなことにどれほど使うか配分して使わせましょう。

最初から何に使うかその予算はどれほどにするかは立てられません。予算を組むには月末のこづかい帳の記録と反省が大事です。それには過去の使い方二、三ヵ月分を見れば、担任も助言ができるでしょう。良かったことや悪かったこと、希望することなどを意識した予算を組むように助言したいです。また、日々の暮らしのめあてでもあるように組むことです。

この指導は予算生活をさせるうえで極めて大事なことです。この予算の使い方は子どもを成長させるから大事なのです。この使い方によって子どもは主体的に育つからです。主体性を育てるための予算化なのです。

予算生活の指導はこづかいの使い方だけでなく、子どもの生活をよりよく向上させるものです。図書費を設けて買いたい本を二、三ヵ月で購入したり、趣味や遊びの予算を組み趣味を楽しむこともできます。自由の利く充実した生活を子ども自身が切り開き、生活を楽しみ向上させる組み方であるのです。

低学年の一日の定額制や一週間の定額制では予算化はできません。ある程度まとまったお金を使うようになると使う内容を考えなければうまく使えません。使う内容を計画して上手な消費生活をさせるから、こづかいの指導には予算生活をさせることがベストとなります。ここには子どもが主体的に成長する契機があるから大事に考えたいです。どのように使うか、使い方によって子どもの生き方が変わってくるからです。子どもの生き方を育てるための予算化でもあります。

予算生活の目的は、こづかいをうまく使うのが主要な目的ではなく、使い方を通して子どもを主体的に育てることが真の目標です。

予算項目としてまずは貯蓄増強中央委員会の項目が参考になります。

①　勉強のため（学用品、参考書など）
②　遊びのため（趣味、おもちゃなど）
③　人のため（プレゼント、助け合いなど）
④　その他（食べものなど）
⑤　貯金

予算項目は子どもの使い方をもととして、希望や願いを含めて予算項目を決めたらよいでしょう。

学級で統一する必要はありません。個々の子どもが喜び使う特色あることの方が望ましいです。子どもを生かし育てるような予算項目を助言しましょう。子どもの長所が生きるような予算項目を考えたいです。これが予算生活のよいところであり、子どもを生かす担任の務めでもあります。本の好きな子には図書費を設ける、塾で特技を磨く子にはその消耗品などの研修費を組むなどです。

考えられる項目としては、貯蓄増強中央委員会の項目を参考に、学級としては、

・学習費（学用品代・本など）
・図書費（あらかじめ貯めておいて買うため）
・研究費（やりたい事・得意なことなど）
・趣味費（好きなこと）
・菓子・遊び（雑誌・マンガ本など）
・貯金（一ヵ月では買えない高額のものを買うために積み立てるお金など）
・その他

などと助言したらよいでしょう。

次に、好きな趣味活動に使える喜びを語っている作文を掲げましょう。

予算生活と切手　六年　金津益雄

五年生の五月頃先生にから「大体の人が予算生活をやっているから、やってみないか」とす

すめられた。僕はこの頃、予算生活とは、きゅうくつだからいやだと考えていた。しかし、予算生活は、大人になってから、お金を使うことが楽になることや、お金の価値がわかるからだと先生がすすめたのだからと思い、お母さんに話して六月から、新しい予算生活を始めた。家の人も予算生活の価値や効果、予算生活の仕方などがはっきりとわからないとみえ、決まった日などにはくれなかった。

僕の予算生活の中には趣味がある。それは切手を集め、楽しんだり研究したりする趣味です。予算生活を初めて二ヵ月たった八月から始めた。初めは、なんとなく、いっぱい集めればよいと思った。予算生活の中に趣味をなぜ入れたかと言うと、月一度位記念切手が出るので、それを買うお金としてやってきた。

どうしても一枚より二枚以上買いたい。それは、もしその切手を欲しい人があれば交換してもよいと思っていたからだ。それに予算生活の中から出すと少し便利だ。たとえば、予算生活をしないときに、「切手を買うお金をくれえ」と言うと、お父さんは、「そんなものは二・三日待て」と言ったりした。予算生活をするようになって「お金くれえ」と言えば、「夕方にくれる」と、言う。お父さんも予算生活をすれば少し考えたかなと思った。

しかし、お母さんは、お父さんよりも予算生活のことや、そのほかいろいろなことを考えてくれているようだ。このように僕の予算生活と切手は、関係ないとは言えないようだ。予算生活をしなければ切手はうまく集められないと言っても間違いないようなものだ。

このようにして、僕の予算生活と切手は縁故を持っているようなものです。
これから、中学へ行っても予算生活と切手の思い出を忘れずつづけていきたいと思っています。

切手収集に興味を持つ子の作文です。小学生にしては珍しい趣味の持ち主です。予算生活をするのは自分の趣味活動のためだとはっきり決めています。

予算生活の実施がこの子の趣味活動を楽しくしているように、予算生活とはお金をうまく扱う指導だけでなく、子どもの個性や人間形成に役立つ大事な指導です。

予算生活の指導で利点の一つに、貯金の仕方を学ばせ体験させることができることがあります。日本の貯金の考えは、貯金すれば使えなくなるという観念が強いのでしょう。そうではなくて、使うために貯めるのだと考え方を変える絶好のチャンスを与えてくれるのがこの予算生活なのです。

(3)　こづかい帳の記録

次は、こづかいの使い方の記録についてです。担任が節約や上手な使い方を話したところでうまく使えるようにはならなくてはなりません。まずは記録することによって、初めて自分の使い方に気づくのです。これが使い方を考えさせ反省させる機会となります。気づくことによって反省もするし、次はどうすべきか考えるのです。「経験によって学ぶ」ことです。

子どものひらめく自主性を大事にしたいです。子どもは正直でこづかいを記録させると、妙に使い方を考える様になります。ここから出発することが効果的でもあります。

記録のさせ方は子どもの発達によって異なります。記録しやすいようにこづかい帳を工夫することであります。

こづかいの記録は、日時・内容・収入・支出・残高の様式が浮かびますが、低学年にはこの記入は無理であるので、学年に応じた様式を考えねばなりません。

子ども用のこづかい帳はたくさん売り出されていますが、どれを見てもまとめや指導上の空白欄がなく、子どもの指導には不向きです。予算生活にはまとめや教師の指導欄が必要になってきます。貯蓄増強中央委員会発行の高学年用のこづかい帳には、月末にまとめるように配慮されています。

子どもの場合、使いやすさがなければ記録が長続きしないからです。こづかい帳の様式と作製は教師の出番になってきます。

一年生の入門期にはこづかい帳でなくカレンダー方式が効果的です。使った日には○、使わない日には×をつけます。月末にはその日数を数えさせて整理させせます。

二年生から三年生にかけては少しずつ自制心が育ってくるので、渡す期間も一週間から一〇日または半月分として、簡単な使い方と使った金額を記入するような入門期のこづかい帳を作成し、月末にはまとめさせます。その項目としては学習用と菓子遊び、貯金の項目ぐらいは設けたいです。

四年生以上の高学年になれば出納簿様式で記入させせましょう。ただし、教師が作成したものを使用させましょう。記入欄を大きくし、用語も子どもに理解しやすくし、反省欄を設けます。

一ヵ月の長期にわたるので、高学年には、あらかじめ何にいくら使うか予算項目ごとに分けて使わせることが望ましいです。どんな項目が必要かは、自分の先月の使い方あるいは先々月の使い方を基本に項目を考えることです。参考にするなら、先の貯蓄増強中央委員会のこづかい帳の項目がよいでしょう。あくまで考え方の見本であってこれにこだわる必要はありません。むしろ変わった項目があった方が、子どもが伸びる上では必要なことであり、喜ばしいことです。

子どもの発達に合わせ子どもの成長に役立つように予算項目を作ることです。貯金は使わなかった残金を充てるだけでなく、二、三ヵ月分貯めて目的のものを買うというような積極的な貯金も考えたいです。個性を伸ばすには大事な項目になります。

(4)　月末には整理まとめる

こづかい帳をつけることは、それだけで一つの反省にも通じますが、月末には、使い方について項目ごとに整理し、反省させましょう。整理するには予算項目が目安となります。項目に従って吟味させます。どの項目が予算のようにうまく使えたか予算額と比較します。特に使いすぎはそのわけを、極端に少ない支出にもそのわけを反省させます。反省は次の予算を組む出発点です。

月末の反省はあくまでも本人のためですが、こづかい帳とその反省を資料として学級で話し合えばさらに理解が深まるでしょう。学級で話し合うことはこづかいの指導にとって極めて大事なことです。話し合いによって友達の使い方が互いに学習できるからです。

こづかいの指導は記録に始まり、その整理そして反省で終わります。記録があってこそ真の反省ができるのです。もっと言えば自分の使い方が学習できるのであり、育つことができるのです。

一年生は使った日の○がいくつで、使わなかった日の×がいくつか数えさせて記入させます。自分の使い方を数字で知ることで、そこに自制心が芽生えるのです。自分の使い方を知ることで使い方を考えるようになるのです。

二年生は数概念の発達とともに、金額とその使い方から、どのように使ったか考えるようになるので、期末にはどれほど使ったか自覚させる意味でまとめさせることが不可欠です。三年生になれば、勉強のため、遊びのためにどれほど使ったか、項目別に金額をまとめさせることです。

四年生からの高学年は、一ヵ月にどれほど使ったか金額を始めとして合計金額だけでなしに、使い方を予算項目にまとめさせることです。そして気づいた事柄は必ず文字で残すことです。余白に気づいたことを整理させ、書かせることが向上につながるので、この記入欄がどうしても必要です。担任は月末には、こづかい帳を見て赤ペンで励ましの助言をすることです。それにはこづかい帳に余白が必要となります。市販のこづかい帳にはこの余白に対する配慮がないので使いにくくなります。指導する限り、教師は用紙を面倒でも印刷して配布することです。

4　各学年の実施方法

低学年の一年から三年までは予算生活は難しいです。一年生には一日単位の日給制を勧めます。

一年生の指導

一年生の指導は、能力の発達から考えて、一日単位にどれほどか額を決めて渡す日給制がよいでしょう。一日の定額制です。使ってしまったら二度ともらえません。その代わり使わなかった日のこづかいは残金として母親が預かり、子どものお金とするのです。金額は日ごろの使い方を見て家庭が決めることですが、教師は生活から能力から考えて専門的立場から適切な助言をすべきです。

次にこづかいの記録ですが、こづかい帳でなくカレンダーを利用した記録がよいでしょう。使った日は○、使わなかった日には×の記号を記入させます。そして月末に○×の数を数えさせて記入させるのです。自分の使い方を数字で知ることで、そこに自制心が芽生えるのです。自己の使い方を知ることで使い方を考えるようになります。

慣れてくると定額の半分使った日には○を半分に仕切る子どもも出てきます。また、○の中に使った金額を記入する子も出てきます。金額を記入するようになれば、月末には使った金額がどれほどになるか計算もできるでしょう。

教師は月末には思ったことを書かせるとより教育的です。また指導の言葉や励ましもしたいので、下に空白欄を設けて印刷することです。

1年生用

1年生こづかい表

月　こづかいひょう						
日	月	火	水	木	金	土
		1	2	3	4	5
6	7	8	9	10	11	12
13	14	15	16	17	18	19
20	21	22	23	24	25	26
27	28	29	30	31		
つかった日				日		
つかわなかった日				日		
なまえ						

二年生の指導

二年生は数概念の発達から考えて一年生の日給制から期間を延ばして週給制にしましょう。一週間の定額制です。いきなり一週間分をもらうと、一度に使ってしまうこともあるので（これは一つの経験でもありますが）、金額だけ決めて母親が預かる方法をとるとよいでしょう。慣れてきて計画的に考えて使うようになれば一週間分まとめて与えましょう。これは母親の協力が必要です。

金額は一年生の日給制の七日分が適当です。こづかいの使い方を記録すると、極端に使わなく自制する子どもが出てきますが、一年生と同額か、むしろ若干額が増えることが望ましいでしょう。学年が上がったのだから、子どもの励みや意欲のためにも少額でよいから増やす方がよいです。これは母親の指導領域になります。

週給制の場合のこづかいの記録は次のような様式が考えられます。（次頁参照）下の空欄は子どもが気づいたことや教師の助言用です。

二年生は、使った日と何に使ったか又その金額を記入する様式がよいでしょう。

金額とその使い方から、どのように使ったか考えるようになるから、まとめとして使ったお金と残したお金を記入させます。空白は子どものまとめや反省を書かせるためであり、教師の助言用でもあります。

Ｂ５の用紙に二週間分印刷し、一学期分を綴じたこづかい帳をつくるとよいでしょう。これは使い方がわかるような配慮です。過去を振り返ることはうまく考えて使わせるためでもあります。うまく使わせるには、自分の使い方がもとになるからです。自分の使い方がわからなければ、期待する使い方もできません。

＜低学年定額制用＞

なまえ	

もらうおかね	えん

	月日	かったもの	つかったおかね
月	・		
火	・		
水	・		
木	・		
金	・		
土	・		
日	・		

つかったおかね	えん	のこしたおかね	えん

愛知県丹羽郡の高雄小学校は、こづかい調べとして次のような様式を作成しています。（注４）

こづかい調べ

月　日より　月　日まで

月日	ことがら	もらったおかね	つかったおかね
		えん	えん

しゅうけいひょう

月　日より　月　日まで

ことがら	金がく
①　べんきょうのため（がくようひんなど）	円
②　あそびのため（おもちゃなど）	円
③　おかし（ジュースなどもいれる）	円
④　人のため（プレゼントなど）	円
⑤　そのほか	円
⑥　ちょ金	円

はんせい

お父さん・お母さんのいけん

この学校は、こづかい帳でなくこづかい調べとなっており、一・二・三年用となっています。そしてさらに「しゅうけいひょう」があります。さらに集計の仕方が導入されています。使い方として

次のように分けています。

①　べんきょうのため（がくようひんなど）
②　あそびのため（おもちゃなど）
③　おかし（ジュースなども入れる）
④　人のため（プレゼントなど）
⑤　そのほか
⑥　ちょ金

三年生までの様式ですが、まとめ方はこの6項目となっています。

この項目で注目すべきは、「人のため」と「ちょ金」が登場している点です。こづかいの指導は、与えられたこづかいを効果的に使うというねらいとともに子どもの楽しい日々の暮らしに貢献することも大切です。これが自主的な成長に役立つ使い方を支援することになります。

このように自分のためのこづかいだけでなく、自分のこづかいから「人のため」にも使う項目です。自分だけでなく他の人のために使うという使い方です。自分本位の低学年ですが、「人のため」に使う使いかたが登場してきたということは、子どもを市民として育てたい広い大きなねらいが期待されています。こづかいを通じて社会に眼を開かせるようになっています。

友達の誕生祝いや、緑の羽根や赤い羽根運動に使うことで、社会認識を育てることは、子どもの成長にとって極めて大切な指導です。

貯金の指導もこづかいの使い方の中で取り扱うということは、ただ単に貯金せよとか貯金は大事だと教えるよりも極めて効果的な具体的な指導となっています。

この「しゅうけいひょう」には反省と共に「お父さん・お母さんのいけん」を書く余白が設けてあります。こづかい指導には家庭の協力が不可欠であることを物語っています。

三年生の指導

三年生にもなれば、数観念もずいぶん発達し、社会認識もずいぶん発達する時期です。もらう金額も低学年より多くなり、同時に使う期間も長くなります。一週間から一〇日とか半月にすることです。

こづかいの使い方の指導には、子どもに考えさせる機会や使う自由さを保障する与え方が必要です。これなくして、計画的に使えと指導することは無理です。

三年生のこづかい帳としては記入しやすい様式として次の様式がよいでしょう。（次頁参照）

これは貯蓄増強中央委員会発行の『くらしとお金』に掲載された様式です。

こづかいの記録は、月日・事柄・金額の3項目だけです。やはり子ども向けのこづかい帳様式となっています。

おこづかいの使いみちを考えよう

①おこづかい何に使ったか書いてみよう。

日	使いみち	使ったお金
		円
合計		

②おこづかいを何に使ったかせいりしてみよう。

○勉強のため（学用品・参考書など）　＿＿＿＿＿＿

○遊びのため（しゅみ・おもちゃなど）　＿＿＿＿＿＿

○人のため（プレゼント・助け合いなど）　＿＿＿＿＿＿

○その他（食べ物など）　＿＿＿＿＿＿

○貯金　＿＿＿＿＿＿

③おこづかいの使いみちについて考えてみよう。

反省

参考：『くらしとお金』財務広報中央委員会　平成元年十月　七頁

次のような観点からおこづかいについて、まとめさせています。これは自己のこづかいの使い方を反省させるのにきわめて有意義なことです。

上手に使うにはどう使えばよいか、この観点から反省できるからです。

「おこづかいを何に使ったかせいりしてみよう」と次のようになっています。

○勉強のため（学用品・参考書など）　円

○遊びのため（しゅみ・おもちゃなど）　円

○人のため（プレゼント・助け合いなど）　円

○その他（食べ物など）　円

○貯金　円

こづかいをもらえばすぐ使うのがお菓子類です。遊びのための使い方としてしゅみやおもちゃなどの中にお菓子や飲み物を含めるのが三年生としては適当でしょう。

これに続いて、「おこづかいの使いみちについて考えてみよう」と反省を書く欄があります。こづかいの指導には、こづかいの使い方について、考えたり反省することが不可欠です。

教師の赤ペンを入れる空白があれば申し分のないこづかい帳となるでしょう。

ここでこづかい帳をつけている三年生の気持ちを紹介しましょう。（注5）

子どもの声（三年生）

夏休みのおこづかいの使い方に点数をつけると70点くらいかなと思いました。
ぼくがこづかいちょうをつけだしてよいことだと思うのは
①　どれだけ使ったか一目でわかる
②　自分のお金の使い方がはんせいできる
③　一円のお金まで計算するから、お金を大切にする気持ちになる
これから、僕が気をつけていこうと思うことは
①　ジュースを買うくらいにして、ほかのものはかわないようにする
②　毎日れんぞくしてかわない
③　一日にいくつもかわない
なるべく使わないようにして、３００円でも、残りのお金が出るようにしていくことです。お金の使い方がうまくできれば、四年生で４００円、五年生で５００円もらえます。だからこづかい帳をつけながら、がんばっていこうと思います。

自分で70点とつけているように、日々のこづかいの使い方は心と行動とは必ずしも統一できない難しさを示しています。これは教師の指導の難しさでもあり、出番でもあるでしょう。こづかい帳をつけてよい点や気を付ける点など、子どもの目線で語っていることは、教師にとっても参考にもなるでしょう。

四年生からの高学年の指導

入門期の一年生から、学年別に述べてきましたが、四年生ともなれば月給制の予算生活ができるので、六年生まで一括で述べましょう。

予算額はどれほどにするか、適切な額は、先月あるいはここ二、三ヵ月はどれほど支給したか、あるいは子どもの使い方をさかのぼって判断したいです。

与える期間も一ヵ月という単位で、その定額を決めるのです。いわゆる月給制です。

月給制で金額も弾むので、初めから全額渡すのが心配なら、下の学年のように金額は決めて母親が預かりその範囲内なら自由に使えることにするのもよいでしょう。母親はまず子どもを見極め、信頼することが大事です。教師はそのように母親に助言したいです。

一ヵ月の支給額の次は、こづかいを記録させる指導です。まずこづかい帳ですが、高学年ともなれば、市販のこづかい帳の様式で記録させましょう。しかしながら、期日・摘要・収入・支出・残高である市販のこづかい帳は用語の難しさもありますが、それよりも記入欄が狭くて子どもの文字にはなじみません。また、指導にとっては大事なまとめや反省を書くところがないです。教師の助言欄もありません。

そこで参考になるのが貯蓄増強中央委員会のこづかい帳です。用語は子どもにわかるようになっています。摘要はことがら、収入は入ったお金、支出は出たお金、残高は残ったお金となっています。（注5）

月

日	ことがら（摘要）	はいったおかね（収入）	出たおかね（支出）	残ったお金（残高）
		円	円	円

日	ことがら（摘要）	はいったおかね（収入）	出たおかね（支出）	残ったお金（残高）
		円	円	円
合計				

まとめ

月の初めに計画を立て、月の終わりに実際使ったおかねと比べて、反省の材料にしたり、次の計画を立てる参考にしてください。

	計画	実際
①勉強のため（学用品、参考書など）	＿＿＿	＿＿＿
②遊びのため（趣味、おもちゃなど）	＿＿＿	＿＿＿
③人のため（プレゼント、助け合いなど）	＿＿＿	＿＿＿
④その他（食べものなど）	＿＿＿	＿＿＿
⑤貯金	＿＿＿	＿＿＿
合計	＿＿＿	＿＿＿

反省

参考：貯蓄増強中央委員会　日本銀行内

さらによい点は月単位ごとになっており整理項目や反省の余白もあり、月末には合計欄もついています。

まとめには、「月の初めに計画を立て、月の終わりに実際に使ったおかねと比べて、反省の材料にしたり、次の計画を立てる参考にしてください」と書かれています。

そして、次のようにまとめるようにしてあります。

	計画	実際
①　勉強のため（学用品、参考書など）	円	円
②　遊びのため（趣味、おもちゃなど）	円	円
③　人のため（プレゼント、助け合いなど）	円	円
④　その他（食べ物など）	円	円
⑤　貯金	円	円
合計		円

これは予算生活をするには、きわめて大切なことです。しかしながら、最初からこの項目に分ける必要もありません。無理してこのように予算化することは望ましくありません。子どもの個性を第一に大切にしたいものです。慣れてくればうまく使いたくなり、自然と予算化したくなります。

決められた金額を惰性的に使うのでなく、どのように使うか考えて、計画的に使い、その結果をまとめ、反省させたいです。どのように使うかは子どもの成長でもあります。使い方によって、子どもは成長するのです。計画を立てそれに基づいて使う過程には、子どもの主体的な成長が約束されているのです。これは人間形成の過程となっています。

計画に従いどう使ったか整理しまとめると、翌月の使い方を自ら修正するようになります。計画と実際に使った額のずれが次の計画や使い方を考えるきっかけとなるだけに、この作業は大事なことです。子どもの成長のきっかけや鍵がここに潜んでいるので、大切に指導したいところです。

また、高学年になれば子どもにも個性や特技が芽生えてくるので、担任は見逃さず助言したいところです。この予算項目も子どもの個性や性格あるいは特技に合うように訂正追加して考えましょう。遊びの中に趣味の費用が含まれていますが、趣味を単なる遊びと考えないで個性の現れと見て別に趣味費として計画を立てたり、本の好きな子には図書費を設けて二、三カ月で一冊買わせるとか、何か好きなことに打ち込む費用など研究費として項目を設けるなど、子どもに合わせて予算項目を考えることです。この指導は教師の大切な出番なのです。

示された予算項目にこだわることなく、子どもに合った予算項目を作ることです。図書費や趣味費、研究費などです。

考えられる項目としては、次のようなものが挙げられます。

・学習費（学習に使う費用）　・図書費（あらかじめ貯めておいて買うため）

・研究費（やりたい事・得意なことなど）　・趣味費（好きなこと）
・菓子・遊び（雑誌・マンガ本など）　・スポーツ代
・貯金（一ヵ月では買えない高額のものを買うために積み立てるお金など）
・人のため（義捐金、誕生祝いなど）　・その他
最近は都市部だけでなく地域にも学習塾が目立つようになり、通う子どもが多くなっており、その費用も計上したいところです。親が直接支払うにしても子どもの日常にかかわるものは含めたいです。子どもが自分にかかわる費用を知ることはこづかい指導上大切なことなのです。

5　指導上の留意点

(1)　使い方を学習する

こづかいを大切に使わせる指導は、先に継続的にと言いましたが、それと関連して、学級の指導で、子どもにこづかい使い方について体験発表の学習をすることです。

提出のこづかい帳を見て、望ましい使い方あるいは個性的な特徴ある使い方、これならほかの子にも参考となるような使い方を発表させるのです。

使い方は子どもによって違いがあります。上手な使い方とそうではない使い方、買うものにも違

いがあります。指導にはこの使い方の違いを教材にすることです。
指導の場合、口頭発表でなく、教師があらかじめこづかい帳のこづかいの使い方を印刷し、学習資料として配布しましょう。それとともに、家庭への連絡に学級通信などを通じて子どもの使い方を紹介することが大事です。

(2) 継続指導で励ます

指導の効果を上げるには、継続指導することです。こづかいの指導とて例外ではありません。指導には子どもの自主性も尊重しなければなりません。最初はある程度軌道に乗るまでは助言しながら自主性を待つのです。

低学年にはこづかいの記入についてつけているかと関心を示し励まし、時には提出させ赤ペンで助言します。中学年の一〇日制の場合も半月制の場合も週末に励まします。

高学年はこの助言の機会が月末のまとめと整理の指導です。こづかい帳を提出させて助言します。担任が放置すれば子どもが興味を失うのは常です。赤ペンで助言することは、担任が子どもを見放していない証でもあります。

継続指導はこづかい帳に赤ペンを入れて、子どもを常に見放さないことです。担任に見守られていれば子どもは頑張れるのです。

(3)　指導方法を子どもに合わせる

子どもは経験によってお金の使い方の考えを変えてきます。以前にはなかった使い方を考えてくるのです。子どもの成長の証です。教師はそれに応えて指導を変えてゆかねばなりません。子どもはそれでなくても日々成長をとげているからです。

低学年のカレンダーの○×をつける指導も、慣れてくると子どもは、黙っていても丸の中にあるいは丸の替わりに使った金額を書きだす子どもがいます。カレンダー方式に対する理解の変化です。三年生が使用するこづかい帳には市販の出納簿と違って、残金を記入する欄がありません。なかにはおつりを書き込む子さえいます。だからいつまでも同じ形式では物足りなくなってきます。

高学年では担任作成のこづかい帳の余白にまとめの項目を印刷するとよいでしょう。好きなことに打ち込む子には研究費とか特別費が必要になるので、まとめの項目も変わってくるでしょう。指導も子どもの能力や発達に、それに使い方の生活にあわせて変えていきましょう。子どもは日々成長しています。時に一度や二度の無駄づかいもよい経験となって、使い方を考えるのが子どもです。

なお、大事なことは子どもの家庭環境を考慮したうえでの指導です。同時に地域の消費環境も常に考慮したい事項となってくるでしょう。

(4) 家庭と連絡を密にする

こづかいの指導は家庭との連絡が密でなければ効果は上げられません。担任は導入的な役目とその成果を確認しましょう。使い方は学校外の家庭のことなのですから。

保護者会等で指導の趣旨を丁寧に説明して、保護者の協力を得ることが必要となってきます。加えて、保護者会に出席できない家庭のために、担任は家庭通信を利用して文書で説明し協力を得ることも必要となってくるでしょう。保護者の協力なくしてはこづかいの指導は成り立ちません。大事なこづかいを渡すのは教師でなく家庭なのですから。

最後に予算生活の指導のまとめとして、予算生活の魅力十ヵ条を掲げておきます。

1 使い方を考える様になり、無駄づかいがなくなる
2 買物に選択力が形成される
3 物を大切にするようになる
4 自分の意志でほしいものを買うようになる
5 もったいないなど金銭の価値を理解するようになる
6 こづかいの記録は効果的な使い方に役立つ
7 貯金に関心を示し貯金するようになる

8　楽しい生活ができ日々の生活の充実向上に役立つ
9　特技・趣味など個性の育成に役立つ
10　自己の購入や募金など通じ社会認識を深める

注1　『金銭教育研究校の実践報告集』　貯蓄増強中央委員会編　長野県木曽郡贄川小学校　一九七六年　四四頁
注2　同上　一一〇頁
注3　同上　一〇九頁
注4　『愛知県羽郡扶桑町立高雄小学校金銭教育研究紀要』　一九八一年　四八頁
注5　『金銭教育　自らの生活を見なおし、よりよく生きる子どもの育成』　豊川市立千両小学校　一九九〇年

第7章

貯金の指導

今日、学校貯金は少なくなって影を潜めていますが、こづかいの指導にとっては無視できない指導内容の一つです。

日常のこづかいの指導にとっても、上手なこづかいの使い方には貯金を考慮することが大事になります。その都度欲しいだけだけもらうこづかいの使い方では貯金そのものは積極的には考えにくいです。定額制にすれば残金が出て、必然的に貯金を考えねばならなくなります。予算生活には初めから「貯金」の項目のもとに予算化するように、貯金の指導がどうしても必要になってくるのです。

子どもの貯金の指導はこづかい指導と関連して指導されるべきで、貯金だけ取り上げて指導することは無意味に近いです。指導も学級指導や道徳の指導でこづかい指導と関連的に指導したいです。子どもの貯金観についてはアンケートや貯金について作文を書かせることで把握できますし、標語も又子どもの考えを知る上で参考になるでしょう。

また、貯金の指導には、貯金箱の製作も具体的な指導の一つです。自作の貯金箱には特別な愛着があり、入れてみたくなるのが子どもの心理でもあります。

なお、こづかいの指導には家庭の理解と協力が必要ですが、貯金の指導も同様に家庭の理解と協力体制が必要であるのは言うまでもありません。

1　子どもの把握

指導に先立ち、簡単な事前調査をすれば子どもの貯金の意識や実態が把握できます。「中学年になると貯金意識が形成されてくる」と、先の倉知教授は言います。貯金するということの意識がわかってくるというわけです。「お金の価値やそれが社会生活で果たす機能」などを理解した上での貯金意識が形成されます。低学年はどうでしょうか。事前調査で把握したいものです。そうすれば子どもの考えが具体的に把握でき、指導にもめあてがはっきりしてきます。

事前調査は簡単でよいでしょう。指導の目安になるよう内容を考えたいものです。

①　自分の貯金の有無　ある・なし

②　どのようなお金を貯めているか

・こづかいの残り　・お年玉　・もらったお金

・お手伝いのお金など　・その他

③　どのように貯めて（貯金）いるか

・貯金箱　・自分で持っている

・お母さんに預けてある　・通帳で預けてある

・その他

④　貯金について思うこと（簡単に）

子どもは貯金に対してどんな考え方を持っているか、その考え方を具体的に知ることは指導上大事なことです。そのためには作文も書かせるとよいでしょう。（資料が少し古いですがご了承ください）

おこづかいについて　五年　鈴木宏和

ぼくは、一ヵ月にこづかいを1500円もらう。でも、もらわない月が多い。お母さんがわすれてしまうからだ。でも月の初めに言うとこづかいをくれる。そうやってもらうこづかいは使いにくい。

僕は、自分のこづかいの使い方についてあまり気に入らない。友達につられて買ってしまう。これでは、こづかい帳をつけているが何にもならない。これからは、使う前にこづかい帳をよく見ようと思っている。

でも僕は、お金の使い方で気に入っていることがある。それは、よく貯金をすることだ。1000円ももらうとすぐ貯金する。こんなこと、よいことだと思う。友達につられて使うと言っても一ヵ月に一ヵ月のこづかいの平均40％（200円）位だ。残りは、貯金箱に入れたり取っておいたりする。こんなぼくだけど他の子よりは使い方はよいと自信がある。

こづかいの使い方は気に入らないけれど、貯金には励む子どもの声です。中には「ぼくは今ラジコンを買おうと思っているけど、とても高いので、いっしょうけんめい貯めています。だけど、どうしてもお金を使ってしまうので、お酒をのむますに、お金をつめこんで、ようやく入るぐらいの大きさにあけて、二つをくっつけて、それを貯金箱にすれば、出てこないので貯金箱にしています。」

このように苦心して貯金に励む子どももいます。

お金を使いたい反面、貯金もしたいと悩むのが子どもです。使いたい心に負けるので負けないように貯金を考えていると言えるでしょう。この芽を素直に伸ばすのが貯金の指導です。

おこづかい　六年　佐々木一哉

ぼくは、お母さんにお金のことで、ほめられたことが一つありました。学校の貯金で、「僕がお金を出しておくからね。」と言ったら、ほめられて、そのとき、とてもうれしかったです。

貯金というものは、やっぱりしたほうがよいのだと思います。でも、これがお父さんやお母さんに出してもらうのでは、意味がないから自分で、出したほうが、貯金の意味があるとわかりました。

こう考えると、ぼくは、貯金ぐらい自分でしたほうがよいと思って、これからも自分で出すということがよいとわかりました。

子どもを育てるにはほめることが大事であることが、この作文からわかります。教師も心掛けたいことです。この子は「お父さんやお母さんに出してもらうのでは、意味がないから自分で、出したほうが、貯金の意味があるとわかりました」と述べています。すばらしいことです。これが日常のこづかい指導の中で、求めていきたい子どもが貯金する姿だと思います。

次も六年生の作文です。

私と学校の貯金　六年　小松麻衣子

小学校へ入学して少したった頃、貯金通帳のはいった桃色のケースをもらった。この中に、貯金したい額のお金をぃれて、明日学校にもってくるようにと、先生の説明があったのを覚えている。帰ると父母にそのことを話して、翌朝５００円さつを母にもらい、通帳の三ページめくらいの所にはさんでカバンに入れた。そのころはまだ修学旅行のこともあまりよく知らなかったので、

「何でこんな事をやるの?」

とよく母に聞いていた。そして、一年生も半ばになったころ、ふと通帳を見ると、赤い字で利子と書いてあった。そして、そのうしろに、いくらだったかはよく覚えていないけど、はんぱな数字が書き加えられていた。ずっと不思議だったので父に聞くと、

「たくさん貯金すると利子と言って、銀行の方からから少しお金がでるんだよ。」何だかわけのわからない様な返事が返ってきた。でも利子とかいうものは一応納得した。もちろん今では

ちゃんと覚え込んだ。

そういう事で三年生までは、まじめに学校の月一回の貯金はやっていた。でも一度貯金を忘れてそれから三回くらい忘れたので、他の人よりあまり貯まらなくなってしまった。ところがある日母に、

「しっかり貯金しとかんと、六年生になってからあんただけ修学旅行に行けんくなっちゃうでね」

と言われてしまった。それからはあまり貯金を忘れなくなった。

四年生の時父に「たまには自分のおこづかいやお年玉を貯金に入れりんよ。」と言われたので、初めて自分のお金から貯金をしてみた。おかげでその月はおこづかいが半分になってしまって、「貯金なんかやりたくないなあ」と、思うようになってしまった。六年生なって、先生に
「修学旅行は自分が貯めたお金で行くから楽しみがある。」と言われてもピンとこなかったのはそのせいだろう。これからは、自分のお金を半分くらい出して貯金をするようにしたい。


貯金はこの子のように身近な目的を持たせることが大事です。その例が六年生の修学旅行です。

作文を読むと、子どもはお金を貯めて欲しい物を購入したい気持ちは持っていますが、なかなか貯金という行為に結びつかないでいるようです。何か貯金する行為に結びつける強いきっかけを求

めているのが子どもの本心でしょう。

作文を書かせるとどの子も無駄づかいをやめて貯金したいと思っていますが、貯金しているかと言えばそうとは限りません。そういう環境をつくることが大事でしょう。貯金箱を与えるとか、何のためにお金を貯めるのかその動機付けが必要なのです。作文からは指導の課題も見えてくるので、教師にとっても指導しやすいわけです。

標語を考えさせる指導も有意義でしょう。作文同様に子どもの考えを把握して指導に生かすことができるでしょう。

おこづかいたくさんためて貯金する　六年　小池美絵子
銀行におかねあずけて一安心　六年　松田雅嗣
おこづかい大切に使えばたまるんだ　六年　鈴木佳宏
貯金箱こころとおかね入れようよ　六年　西浦優子
おこづかい無駄をなくそう貯金して　六年　小西千鶴子　（蒲郡市立竹島小学校）

この学級は、「西田川」という学級通信で紹介しています。作成の意図を話し合っているので、互いに意見の交換ができ、よい指導となっています。

子どもたちの標語は全員発表して、子どもに選ばせる事も大事な指導です。これは自分のと比較する思考を働かせるので、有意義な指導になります。

倉知教授の「中学年になると貯金意識が形成されてくる」という言葉のように、貯金するということの意識やその大切さを理解しだすのでしょう。

教師は貯金の指導に当たり、中学年からでなく低学年から次のような貯金のカリキュラムを念頭に指導したいです。子どもは貯金はもう使えないお金のように思うので、必要なときにはいつでも引き出せるという事は低学年から理解させたいです。

貯金のカリキュラムとしては、次のようなものがよいでしょう。

低学年
・無駄づかいをやめて貯金箱に貯めよう
・お母さん銀行に預けよう
・ためたお金は貯金しよう

中学年
・地域にはお金をあずけるところがいろいろある
郵便局・農協・信用金庫など
・預けたお金には利子がつく
・いつでも引き出し高額の物を買う

高学年
・預金は上手なこづかいの使い方の一つである
・高額の必要なときはいつでも出して使う
・利息は預けるところによって異なる

2 岡崎市立岩津小学校の実践

貯金を指導するには子ども専用の貯金箱を、子どもに作らせることがよい指導となります。貯金箱づくりで貯金を体験する機会を与えたいです。言葉だけの指導では効果がないだけに、具体的に考えさせたり、行動を誘う機会を与えることです。

十月十七日は貯金の日です。この日を利用して、貯金箱を作らせることはきわめて効果的な指導です。貯金箱を作ればまずお金を入れたくなるのが子どもです。

作成した自分の貯金箱に貯金することは興味もわくことであり、有意義です。お年玉のように高額の場合は、金融機関への預金が考えられますが、日ごろのこづかいの残金などは、ひとまずこの貯金箱へ貯めるようにしたいです。

全校で貯金箱を作成し、貯金箱コンクールを実施している学校があります。(注1) それは岡崎市の岩津小学校です。この学校の実践については、すでに第3章の「図画工作での指導」(五九―六一頁)で取り上げているので、ここでは、ねらいと材料のみを再掲します。その後、作成に苦心した子どもの作文を載せます。

ねらい：貯金箱を製作していく過程の中で金銭感覚を養い、お金を大切に取り扱う心情を養う

材料：低学年　紙類（空き箱、ほうそう紙などを利用して）
中学年　あきかん、あきびん（紙類貼ってもよい）
高学年　自由（紙、かん、びん、竹、木など）

貯金箱づくりの苦心について、四年生の女の子は次のように述べています。

　私がアイディア貯金箱作るのに、苦労したことは、まずどんな形で、材料は何にするか、ということです。いろいろ考え、まよいましたが、ふと自分の勉強部屋にあった一輪ざしを見て、そうだ、竹で貯金箱を作ろう、と思いつき、形は、これも勉強部屋にかざってあった、ビニールの人形を、参考にしようと考えました。紙に図案を書いていて、こまったのは、竹で作る人形の形と、竹づつの中に入れたお金を、どうしたらとり出せるか、という事でした。次に、工作にとりかかり、竹を切る時のこぎりの歯がすべって、きずだらけになったり、切り口が上下うまく合わなかったり、切りはなした竹づつをつなぎ合わせる線を作った時など、何度も失敗して、いやになってしまいましたが、作品ができあがった時は、とてもうれしかったです。

　製作に当たり使う材料を学年に応じて制限したことに創意工夫が見られます。また、貯金箱コンクールということで子どもの意欲を駆り立てているのもよいでしょう。単に貯金箱をつくろうでなく、アイデイアのある貯金箱を目指したこともよいです。制約がある限り苦心しますし、それだけ愛着も沸くわけです。

貯金の指導にはまず、その入り口に貯金箱が手元にあるということが大事です。子どもがこづかいを貯めるのには、身近に貯金箱の存在が大事です。

自分の製作ならばなおさら入れてみたくなるものです。

3 甲府市立池田小学校の学習事例

学級指導の中での二年生の指導例です。(注2) 学習の題名が「お年玉はどこへいった」ですが、貯金が内容になっているので、ここで紹介します。お年玉は、子どもに貯金を理解し実践させるのにこの上ない指導の機会を持っているのです。

題名：お年玉はどこへいった

ねらい：お金の使い方をわからせ、目的をもって貯金ができるようにする。

主題について：一月はお年玉などお金が入るので、ふだんこづかいを持っていない子どもたちも自分のお金を持っている。この機会を通じてお金の使い方をわからせ、目的をもって貯金ができるようにしむけたいためこの主題を設定した。

展開：

学習活動	指導上の留意点	資料
1　お年玉のつかい方について簡単に話し合う。 ・貯金した ・父母にあずけた ・無駄づかいとみられるもの	・貯金した子に、その動機や目的について発表させるようにする。	お年玉の集計表
2　目的をもった貯金ができるように話し合う。 ・何が買いたいか ・貯金箱のつくり方 ・買う時、父母に相談する	・買いたい物の内容について、個別指導を必要とするものに留意する。 ・父母の意見を参考にする。	
3　実践への意識付けをする。 ・励ましを与える。	・実物の貯金箱を見せる。	ジュースのあきかん・画用紙

子どもに貯金を勧めるには、まず、貯金できるお金があることが大事です。「お金を工面して貯金せよ」では子どもの貯金の指導は無理です。

その点で、貯金の指導に、お年玉を利用したことは効果的な指導です。主題にあるように、子どもはお金（お年玉）を持っているので貯金の指導が生きてきます。お金がない時に「貯金せよ」と指導しても効果はありません。お年玉は子どもに貯金を教えるチャンスです。

この授業で担任は貯金箱を作らせています。貯金の目的意義をわからせたうえで、貯金箱の製作をさせるのです。これも効果的な指導です。子どもは貯金箱を作れば貯金したくなるので、子どもの心理をおさえた製作指導です。

「目的を持った貯金」の指導は、預金するのが目的でなく、欲しい高額のものを買うための手段としての貯金であることを理解させたいです。貯金から使うことを体験すれば、黙っていても貯金するようになるのが子どもというものです。

授業の最後に、実践への意欲づけをする中で、「励ましを与える」とあります。「無駄づかいしない」に代表されるように、否定的なマイナスの指導が先行しやすいです。こづかいの指導は、ほめ励まし育てることが大事になるので、励ましを与える指導が大事となってきます。こづかいの指導は、こづかいを使うことによって子どもを育てることなのです。

こづかいを使うことによって、子どもの人間形成に役立てることですから、教師が励ますことは極めて大事な指導となってくるのです。

4　金融ルールの学習

小学校から、貯金の学習では簡単な金融ルールに目を向けせたいです。日銀の総裁がマイナス金利を言い出したように、今の経済界は動きが厳しい世の中です。子どもにも難しいことは別にしても、初歩的な金融ルールは貯金の学習時に関連的に学ばせることが大事です。

「貯金した」という発言には、「どこへ？」と切り返して、具体的に預け先を明確にしたいです。郵便局のほかに、地方なら農協があり、町部なら銀行や信用金庫があります。金融機関は郵便局だけではないことを理解させたいです。

これは授業を具体的に深めるためにも必要なことです。貯金しましただけでは抽象的で深まりを欠くので、「どこへ？」と切り返すことで預け場所が具体的になるだけでなく、授業そのものを具体的に深めることになります。

ここに初歩的な金融ルールの学習内容について記載しておきましょう。

低学年　貯金するところは郵便局だけではない、ほかにもある。
預けやすいところがよい。

中学年　貯金には利子が付く、この利子はどこも同じではない。

高学年　金融機関は企業にお金を貸して金利を得る。

資本・利子・借りるローンなど

なお、低・中・高どの学年にも、お金は使うために一時的に貯金するのであって、貯金は預けっぱなしではなく、必要な時には払い戻して有意義な使い方に役立つことをわからせたいです。

子どもは、貯金は預けてしまえば、使えないお金と考えやすいので、必要なほしいものを買いたいときにはおろして使うことを理解させたいです。貯金を払い戻すには、親に相談してのことなので、担任は保護者会などで払い戻すことの意義を伝えることも必要です。当然のこととして親とともに預金を下ろすように指導しましょう。おろす経験は子どもの金融ルールの学習にとって極めて大事な学習になります。

5　貯金のさせ方

(1)　残したお金を貯金する

一年生にはカレンダー方式で使わなかった分を貯金箱に入れる貯金がよいでしょう。貯めることを体験させれば、不思議なくらい貯金に対して関心を持つようになります。この心理をうまく持続させるように指導することが大事になってきます。

二年生も同様に使わなかったお金を貯金に回す指導をします。三年生には一〇日や半月分のおこづかいに、あらかじめ予算項目に貯金があるように、積極的に意図的に貯金をさせましょう。

(2) 予算を組んで貯金する

四年以上の高学年では、月初めの予算項目に貯金の項目を掲げさせ、目的のある貯金をさせたいです。その月の残金のみでなく、好きなものを買うために二、三ヵ月貯めて購入するような楽しみのある貯金も指導したいです。趣味に没頭する子には、夢の持てる貯金の指導です。

また大事なこととして、貯金させるには直接子どもにかかわったお金、関係あるお金で、貯金を教えることです。使わなかったお金であり、残したお金で貯金させることで、出して使える貯金の楽しさ嬉しさを体験させることが大事です。

子どもは貯めたい気持ちを常に持っているので、貯金はまず貯めさせ、そしてその次は貯めるだけでなく、貯めれば欲しいものが買える楽しみの動機づけをしましょう。その子に適した動機づけが大事となるでしょう。

(3) 臨時収入はよき機会

これは言うまでもなく子どものお年玉です。高額であるので、貯金を体験させる絶好の機会になります。これ以外にも日ごろ祖父母や親戚知人などからもらう機会の多い子どもたちもいます。子ども名義で貯金する場合にも、預けっぱなしでは子どもは喜びません。教育的にはやはり適当な時期を見て子どものための使い方をするとよいでしょう。預けっぱなしでなく、引き出してほしい高額のものを購入させるのです。購入することによって、貯金のありがたさを学ぶのです。

(4) 預金通帳の作成

高学年になり、月額制で予算を立てるようになれば、予算項目にあらかじめ貯金を設け、貯金をさせたいです。それには貯金通帳があれば、子どもも意欲的になります。

予算項目も、趣味や特技などに充てるめあてを持つことが望ましいことは言うまでもありません。目的のある貯金の予算が望ましいわけです。また月末に残金が出た時も繰り越さず貯金に回したいです。貯金を自分の身近な存在にするためです。

貯金通帳は当然子ども名義で作成してもらいましょう。預金や引き出しは親子同伴で金融機関についても説明し理解させたいです。預金通帳作成や預金引出等については、教師はあらかじめ保護者会等でその旨を依頼することが必要となってくるでしょう。

(5) 払い戻して使う喜びの体験

貯金の指導は、貯めさせるだけでなく、使わせる指導が大事です。こづかいの効果的な使い方の一つに、貯金を指導することがあります。貯金するのは欲しい物の購入に使うために貯めるのです。貯めておくだけでは子どもの貯金の指導にはなりません。

貯めたお金で、こづかいではすぐに買えない欲しいもの、値段の高いものを買わせる指導です。貯金は使うために貯めることを学ばせたいです。子どもだからこそ、貯めても使わせないのでは、貯める意識も起こらないのです。

子どもの貯金は、必要なときは出して、欲しい物が買えるということがなければ、貯金は自分から離れたお金で、使えないと考えてしまいます。貯金は必要なときには使えるということの体験が大事です。お年玉をもらったときなどは貯金を教えるだけでなく、出して使うことを体験させる、絶好の機会であるのです。

子どもの貯金の指導は、子どもの上手なこづかいの使い方に位置づけて指導することです。それは同時に子どもの欲求に満足感を与え、応える手段でもあります。

貯金はややもすると、自分から離れたお金となります。子どもの貯金は目的を持たせること、すなわち出して使えるという事です。出して使えないような貯金は子どもに勧めるような貯金ではないからです。

これには親の判断が大きく左右されるので、教師は保護者と連絡を取り、指導に当たりたいです。

注1　『新しい教育課程の中での金銭教育のあり方』　岡崎市立岩津小学校　一九七七年　三七―三八頁
注2　『金銭教育研究校の実践報告集』　貯蓄増強委員会編　甲府市立池田小学校　一九七六年　三三四頁

第8章
お年玉の指導

最近の子どもは、お年玉は絶対にもらえるものと思っています。こづかいの指導ではお年玉は年一回のことですが、子どもの金銭生活では金額が大きいだけに無視できない大事な指導の一つです。お年玉の指導に先だって、まず、作文で子どもの実態を捉えてみましょう。（少し古い資料ですが、ご了承ください）

お年玉　五年　壁谷法夫

元旦は家にいて、二日からざいしょへ行った。ざいしょに行くとおじいさんやおばあさんや兄ちゃんたちがたくさんお年玉をくれた。

ぼくは、みんなからくれたお年玉を数えたら1万3０００円も貯まった。その中には2０００円をくれた人もいたし、1０００円をくれた人も5００円くれた人もいた。

いままでぼくは、1円も使っていない。ぼくは初め1万2０００円をぜんぶ貯金しようと思っていたが、1万3０００円も貯まったのだから、1０００円くらい何か買いたいと思う。

その中で85０円のもけいのせん車、もけいの歩兵セット一つ、それかもけいの空母を買おうと思う。のこりの1万2０００円は貯金しようと思っています。

来年もたくさんお年玉を貯めようと思う。

作文で、子どもの考え方が把握できます。誰からもらったか、その金額、そして常日頃買いたいものを買って、残りは貯金しようと考えています。これが子どものお年玉に持つ考え方のようです。

1　事前の調査

作文に続いて、子どものお年玉についてその実情を把握するために簡単なアンケートも実施したいです。

その内容は、次のようなものがよいでしょう。

1　もらった金額（1万円まで／2万円まで／3万円まで／3万円以上）
2　くれた人と人数（父・母・兄・姉・おじ・おば・親せき、知人（そのほか））
3　どのように使いたいか
（貯金する全部半分／欲しい物を買う・こづかいで買えないもの／図書を買う／研究に使うもの／趣味に役立つもの／スポーツなど特技に使う／人のため募金義捐金など／貯金する／親に預ける／貯金箱に入れるなど）

子ども一人ひとりについて具体的に把握することが指導上大切なことなのです。

2　指導計画

お年玉の指導に当たり、まず計画を立てます。

碧南市立中央小学校は全学年の指導計画を立てています。（注1）

学年	主題名	学年のねらい
一年	お年玉のゆくえ	お年玉の上手な使い方を理解させる。
二年	お年玉のゆくえ	お年玉の上手な使い方、貯蓄への実践意欲を育てる。
三年	お年玉のゆくえ	お年玉の使いみちをふり返り、正しい使い方を考えさせる。
四年	お年玉の使い方	他人の使い方を知り、自分と比較させ、正しい使い方について理解させる。
五年	お年玉の使い方	お年玉を有効に使えたかどうか反省させ、金銭の活用について考えさせる。
六年	お年玉の使い方	無駄づかいの部分について反省させ、金銭の有効利用について考えさせる。

一年から六年までそろって「お年玉の使い方」を取り上げている事例は貴重です。

一年生はお年玉の上手な使い方を理解させる指導です。低学年らしく、まず、どう使うか理解させるのです。お年玉は親が預かったり、貯めておくのでなく、どう使うかが大事な指導です。

二年生は上手な使い方と貯金させようと貯蓄がねらいに入っています。お年玉は大金なので、貯金を計画するのには適切な指導場面になります。

三年生は、自己の使い方を振り返り、反省から正しい使い方の指導になっています。

四年生は自他の使い方から正しい使い方を理解させましょう。こづかいの指導は、他の子どもの使い方を学ぶことが参考になるでしょう。

五年・六年の高学年は反省させ、金銭の活用や利用と視野が広くなっています。子どもの発達にあわせて、お年玉の使い方の理解から金銭としての活用や利用まで計画されたことは注目されるでしょう。

しかし残念なのは上手な使い方など、金銭の活用や利用の中身が明白でない点です。

また、この計画には、二年生に貯蓄の指導が計画されていますが、他の学年には見られないのが惜しまれます。お年玉は貯金を学ばせるよい機会なので、中学年や高学年にも計画したいものです。お年玉はお金が手元にあるから貯金を体験させるにはきわめて効果的であるので、中学年や高学年にも計画したいです。お年玉はお金が手元にあるので、貯金を体験させるには効果的です。

3　お年玉の学習

お年玉の指導は、貯金の指導と同時に「どう使うか」「どのように使うか」「何に使うか」、使い方を考えさせる指導です。そのためには事前指導として十二月中に指導したいです。一月は事後指導が中心となります。

お年玉の学習事例としては、先の貯金の学習で紹介した事例があります。甲府市立池田小学校の二年生の指導事例（一六六―一六八頁参照）です。「お年玉はどこへいった」がよい指導事例です。貯金をさせるにはお年玉が最適であり効果的であることからすでに引用したところです。

これはお年玉を学習資料にして貯金を学習させていますが、お年玉の使い方の学習としても参考になるでしょう。その一部を再掲してみましょう。

学習活動として

お年玉の使い方について簡単に話し合う

・貯金した　・父母にあずけた　・無駄づかいとみられるもの

指導上の留意点

・貯金した子に、その動機や目的について、発表させるようにする

＊資料：お年玉の集計表

今の子供はお年玉は必ずもらえるものと期待しています。事実どの子も多額のお年玉を手にしているのです。高額なお年玉を何にどう使うか、使い方の指導は子どものこづかいの指導として避けて通れない課題です。貯金とお年玉の学習は相互に関係しています。貯金を学ばせるには、お年玉が絶好の機会となりますし、お年玉の使い方には貯金のさせ方が重要なのです。

そのためにも、三学期開始後、お年玉の使い方について、学習して満足できる使い方を実践させたいです。学習に先立ちアンケートや作文を書かせることは、授業にとって大事な準備です。どのように使いたいか、子どもの気持ちを予め把握することです。また、作文で子どもの気持ちを把握することも大事です。（資料が少し古いですが、ご了承ください）

お年玉　六年　大須賀康浩

「あけましておめでとうございます。」

「新年おめでとうございます。」

ぼくは元旦の日にお年玉をもらいました。

おじいさんや、親せきの千葉にいるおじさんや、名古屋にいるおじさん、あと蒲郡にいるおじさん、おばさんにお年玉をもらいました。大塚のおばさんは２０００円くれました。お父さん、お母さんからも、今年はもらいました。

でも、去年とくらべると、少し少ないです。

一つ、「お年玉」って、なんであるんだろうと不思議に思います。そのわけは、お父さんたちも、ぼくも得もしてないし、損もしていないと思うからです。

ぼくたちだけもうかるなんて、おかしいと思います。だから、かりに、ぼくのお年玉を父にあげたとすると父が、親せきの子たちにあげた金額ぐらいもどってきます。そうなると、父もぼくも、損も得もしていないからです。だから、なんでお年玉ってあるんだろう？ と思います。

今年のぼくのお年玉は、全部貯金しました。去年のお年玉も全部貯金しました。

そのわけは、将来のためです。中学一年にアメリカに行くための旅費、道具の費用を貯めないといけないからです。そのほか自転車や、必要なものがいる時のためです。

貯金は、お年玉だけでなく、今までのおこづかいもいっしょに貯金しました。

お年玉の合計は、１万１０００円ですが、貯金は約１万５０００円です。こんなに貯金をしたのは初めてでとてもよいことだと思い、無駄づかいもなくなると思うからです。それに、貯金は利子がつくから得をすると思います。

だから、これからも、貯金を続けていき、小銭などは、ぼくの貯金箱に入れて、お金を大切にしていきたいと思います。

この子どもはお年玉はなぜあるのか不思議に思いつつも、もらったお年玉は全部貯金しています。アメリカ行きや中学での自転車通学という目的があるからです。目的を持っての貯金です。これが大事です。貯金を学ばせるよい事例となります。しかも、貯金すれば、無駄づかいも減ると考えています。もう一人、作文を紹介しましょう。

> お年玉　六年　市川智章
>
> お正月で、今年もお年玉をもらいました。去年は、お年玉で何を買おうか両親と話し合った。半分を学校の貯金に半分は自分で使うことになりました。それで、目ざまし時計を買うことにしました。目ざまし時計は、前から欲しかったので、父に相談して買いました。父に相談した時、父は「どうせ買うなら役に立つ物を買った方がよいから、自分で役に立つ物を買いなさい。」と、言いました。私は、いつも起きるのが、おそくて困っていました。
>
> でも目めざまし時計を買って役に立ったので良かったと思います。
>
> 去年は、お年玉を有こうに使ったので、今年は、また何を買うか、決まっていないので、銀行にほとんど貯金して通帳を預かり、買うものが決まったら、貯金をおろして買おうと思います。それは、使う道が決まらなく、持っていると、すぐに余分なものを買ってしまい、損をするからです。でも貯金したら、余分なお金は使わなくてよいからです。買う物が決まったら、その物を買って自分のためになるかを考え、また両親に相談して買いたいと思います。

この子は使い方として、貯金を教える教科書のような作文です。

1　両親と相談して品物を買っている **2　父の助言を尊重している** **3　半分は貯金、半分でほしいものを買う** **4　自分に直接役立つ物の購入―自分の暮らしから** **5　使い道が決まるまで銀行に預ける** **6　お年玉を持っていると余分なものを買ってしまう**

貯金の指導には、最低限、このような心構え（こと）が必要です。うまく使った事例や子どもが喜んだ事例を積極的に取り上げて学習していきましょう。そういう使い方があるのかと、学習させるのです。お年玉の指導は、日ごろのこづかいでは買えないもの、高額なものの購入です。自分の希望をかなえる高額の物品の購入です。

前章の貯金部分で紹介した授業実践「お年玉はどこへいった」（一六六―一六八頁参照）では、反省として「指導後に、作文を書かせたら多くの子どもが、買いたい物の金額にむかって貯金していきたいという事が書かれており、ねらいは達せられたと思われます。今後は、実践化できるよう指導していきたい」と書かれています。（注2）

作文に書かせることは、個々の子どもの心の動きを知るうえで教師にとってはありがたい資料となります。子どもも書くことによって、理解事項を整理し再確認するようになるのです。

担任は授業に先立ちお年玉をどれほどもらったか、またどのように使ったか事前の調査をしています。お年玉の授業では事前の調査は大事です。教師も子どもを把握して授業に臨めるからです。使い方では親に預けたのが41・５％もあったのでこの授業を計画したとあります。お年玉は、すでに述べたように貯金を体験させるには効果的です。子どもの貯金には使う目的を持たせることが極めて大事な指導です。

教師はつねに保護者に連絡し合わねばなりません。子どもが担任の指導と親の板挟みにならないよう配慮したいです。

次の学習事項が基本的には考えられるでしょう。

○去年のお年玉の使い方を思い出させる

・金額（個人差あり、個人情報として適切に、自慢にならぬよう配慮する）

・どのように使ったか（全額使った／半分は貯金した／募金など助け合いに出した）

・品物の決め方（自分で決めた／親と相談）

○お年玉の指導で大事なことは

・去年の使い方から学ぶべき事項をまとめる　・親と相談し、最後は自分で決める

・こづかいでは買えない物の購入

・自分の暮らしに役立つものを買う（特技に役立つもの、趣味を深めるものなど）
○どんな使い方が望ましいか、話し合いから考えさせる（個人差を考慮すること）
・すぐには使わないゆとり　・計画する　・決め方親と相談するかも自分で決める
・自分に役立つ物の購入　・貯金する　・人のために役立てる
○望ましい使い方をノートにまとめよう
・自分の使い方を書く
○各子どもの個性的な使い方に留意したい

これらのことを参考に、子どもの発達に応じた内容で指導に当たりたいです。

注意事項としては、次のようなものが挙げられるでしょう。

○お年玉を貰ってもすぐ使わない、考えてから使うように指導する。計画があっても再度考えるゆとりを持たせたい。お年玉により、子どもに計画的な使い方を体験させ、考えさせるゆとりを持たせるようにしたい。じっくりと考えるところに子どもの成長を見たい。

○使い方は子どもの希望・判断を尊重すること。低学年ほど親の助言が必要であるが、無理に押し付けないこと。子どもは上手に使うことによって成長することを忘れない。

○日頃のおこづかいでは買えない高額なものの購入に充てる。子どもの暮らしの充実である。

○高学年になれば、子どもの特技や趣味や興味のあることなど研究に使わせ、子どもの個性の育成に役立てる。

○親や教師は子どもの個性の育成に心を配り、使い方を子どもと話し合いゆとりある使い方を教える。どう使うかはまずは子どもに任せることであり、あくまで助言することである。
○使い方を巡って親と話し合うこと。
○貯金の経験をさせたいから、貯金させたいし、使うまでは貯金させ、引き出して使う経験など、貯金の指導に役立てたい。貯金に関連して、初歩的な金融ルールの学習も計画したい。
○お年玉の事後指導は、冬休み以後に国語の時間などで「楽しいお年玉」「お年玉の使い方」など作文を書かせることも一つの方法である。

4　指導上の留意点

(1)　こづかいでは買えないものの購入

年末には子どもは誰からもらえるか、あるいはその金額はどのくらいか、予想して楽しむ子がいます。特別収入であり臨時収入なので、思慮深い特別な使い方を指導したいです。すぐに使うのではなく、まずは保管しておき、日ごろのこづかいでは買えない物、高額な物、夢をかなえるような使い方を助言しましょう。

高学年になれば、個性も現れ自分の特技や趣味、あるいは研究に関する物品など日々のこづかいでは購入できないものの購入をうながしたいです。個性を伸ばし、人間形成を図る使い方です。教師は子どもの性格や趣味などから、幅広く助言したいです。お年玉の学習には、その子を伸ばす使い方をぜひとも助言したいです。特別収入なので、金額の高低で優越感や劣等感を持たせないよう指導には特に気を付けたいところです。

(2) お年玉は親と相談して使う

お年玉は高額なので、どう使うか考え配分してうまく使わせたいです。欲しい高額の品物を買うために全額一度に使うこともあるでしょうが、どう使うか配分することが大事になってきます。せっかく貰ったのだから、どれだけかはすぐに使うにしても、大部分は高額のものを買うために計画を立てています。まずはどう使うか親と相談させることです。

家の人と相談して決める時も、子どもが決める主役になることが望ましいです。子どもと親がお年玉の使い方を巡って話し合うことは必要かつ大事なことです。学校の学習に次いで話し合う場面としては貴重です。教師は子どもに親との相談を大事にするよう指導することです。

(3) 記念に残る使い方

親からもらうおこづかいと違い、お年玉はくれる人の気持ちがこもっている特別なお金です。金額もこづかいを超える高額になります。せっかくもらったお年玉であるので、日頃のこづかいでは買えない高額なものを買うということも意義ある使い方ですが、同時に、特別意味のある使い方、すなわち記念になるものを購入したいものです。そうすることによってくれた人に応えられることとなるでしょう。お年玉の上手な使い方の一つとなります。

もう一つは、人のためになる使い方です。身近な例は友達の誕生祝いに使うというものです。広くは募金にも使うこともよいでしょう。

(4)　貯金指導のチャンス

臨時収入のお年玉は、貯金を指導するチャンスです。もらったら、まずは貯金します。これは貯金箱に入れたり、親に預けてもよいですが、可能であれば、金融機関に貯金させましょう。貯金を体験させる効果的な指導となるでしょう。

大事なことは、預けっぱなしにしないことです。それは、教育的ではありません。預金したらそのままでなく必ず引き出して、効果的に使わせるのが子どもの貯金であり、引き出す指導があってこそ、お年玉は貯金の良さを子どもに教える手段となるのです。

(5)　感謝を忘れずに

お年玉をもらったら必ずその人へのお礼が必要です。それを具体的な行為で示すように指導したいです。電話で伝えることもあるでしょうが、文字で伝えるよう手紙を書くことを勧めたいです。

具体的な形で感謝の気持ちを表すことが大事です。

新城市立千郷小学校の四年松組はお年玉のお礼について次のように計画しています。（注3）

単元：お年玉ってなんだろう　学活　二時間

◎お年玉の金額や使い方を考えるだけでなく、人との交流を大切にする両親やかかわりを持つ人たちに尊敬と感謝の気持ちを持つことができる

同様に竹組も次のように計画しています。

単元：お年玉の使い方を考えよう　学活　二時間

◎お年玉をくれた人の気持ちも考えて、本当に必要なものは何か考える

先に、お年玉で記念になる使い方を述べましたが、このような学習はそれを裏付けていると言えます。お年玉をくれた人に「尊敬と感謝の気持ち」を持つ指導やくれた人の気持ちを考えて必要なものを買う指導です。単に必要なものを買うというよりも、くれた人の気持ちで必要なものを買うとなれば効果的な買い方が約束されるでしょう。よい使い方ができるので有効な手段となります。

お年玉の指導はお金の使い方や貯金が主になりますが、このような指導も大事です。金銭だけでなく、生きる社会の人間関係の理解で大事なことなのです。お年玉の持つ道徳指導であり、社会認識の入り口でもあるのです。

注1　「碧南市立中央小学校金銭教育特設授業指導案」　一九八七年
注2　『金銭教育研究校の実践報告集』　貯蓄増強中央委員会　甲府市立池田小学校　一九七六年　三三六頁
注3　「新城市立千郷小学校平成八・九年委嘱学習指導案」　四年　一九九七年

第9章　家庭の理解と協力

こづかいの指導は教師の指導だけでは限界があり、家庭の理解と緊密な協力関係が不可欠です。いかに教師が始めようとしても、こづかいの指導は、学校だけの指導ではどうにもなりません。渡す人と使う人すなわち親と子どもの約束とその信頼に始まるのです。こづかいの使い方の指導には、それを支給する人が指導の主体であって、これが指導の基本です。お金を渡す人が直接関わってこそ指導効果があると言えるでしょう。

こづかいの使い方の指導はどちらかといえば、学校は導入的な指導であり、体制作りの指導となってきます。実際にお金を渡すのは家庭であり、約束と信頼に基づくこづかいの渡し方が大事な指導のポイントとなるので、そこを指導していきます。

具体的には、年度初めのＰＴＡ総会後の学級懇談会や期末の保護者会などでこづかいの指導を始めることへの理解と協力を依頼することが必要となってきます。

こづかいの指導は消費生活を合理的にこなすことを目指す指導だけでなく、それを通して子どもの自主的な人間形成を図るものです。その教材が家庭にあるということは、学級と家庭との連携や協力が不可欠なのです。そのことを十分に伝えていきましょう。

1　協力について

学級でこづかいの指導に取り組む趣旨・方針を理解してもらう機会として、第一に年度初めのＰ

ＴＡ総会後の学級懇談会があります。

(1)　学級懇談会で依頼する

こづかい指導の具体的な実施について、学級担任は説明し、依頼します。その最初の機会が年度初めのＰＴＡ総会後の学級懇談会です。経営の方針としてこづかいの指導を実施することの理解を求め、こづかいの与え方やこづかいの記録について協力をお願いするのです。

基本は低学年も高学年も考えて使うようにする定額制の指導です。そのためのおこづかいの与え方です。計画的な使い方をもとめても低学年にいきなりまとまったお金を渡すことには抵抗がある家庭も多いので、よく理解を得るように話を進めることが大事です。

一年生の定額制は、一日にどれほどか決めてそれ以上は渡さないこと、二年生になれば一週間単位に額を決めること、三年生は期間を一〇日とか半月制であることなどを伝えます。

定額制で与える方法は先ず期間をどれほどにするかを説明します。低学年ほど短く、一週間や一〇日、中学年なら十日とか半月単位で、高学年なら一ヵ月単位で設定します。

渡すお金も一度に渡すことには心配があるので、金額だけ決めて親が預かり、その範囲内なら自由に使わせるよう伝えるとよいと指導しましょう。学年により、あるいは子どもの性格により、渡し方は工夫の余地があることをわかってもらうことです。大事なことは家庭や子どもによって渡し方がいろいろ考えられるので、子どもとも話し合って無理のないところで決めることでもあります。

こづかいの記録に関心を寄せてもらうには、予め学年に応じた記録用紙（こづかい帳）を印刷しておき、保護者の納得を得ることです。低学年はカレンダー方式、中学年は残金のない形式、高学年は市販の出納簿形式のものを利用して行います。子どもの記入のしやすさを考えて子ども用のこづかい帳を印刷して用意すれば、理解も得やすくなることでしょう。

学期末に開催する保護者会や個人懇談の機会も利用したいです。学習成績だけでなく金銭の使い方も話し合う機会にしたいものです。

学期末の保護者会では、一学期を振り返って実施上の問題点や子どもの変わった点など成果を話し合いたいです。こづかいの指導は一度お願いしたから大丈夫というわけにはいきません。長続きしなければ意味がないだけに、子どもの作文などを資料にして具体的に話し合うことが大事です。

(2) 学級だよりの発行

学級だよりの発行も、学級の指導趣旨を理解してもらう活動として大事なものです。総会や学級保護者会に出席できない家庭もあるでしょう。そのため、徹底するには文字による連絡が必要です。

愛知県の高浜市立吉浜小学校では、「金銭教育―自分の考えで行動できる子の育成」に取り組み、毎月発行する学年便りに『金銭コーナー』を設けていました。毎月のテーマは学校統一です。次の頁に挙げたものは、「児童の実態や行事などを考え合わせて月ごとに決めた」テーマです。（注1）

五月　遠足のおやつ　　　六月　落し物、記名
七月　お手伝い　　　　　九月　物を大切に
十月　ボランティア活動　十一月　遠足のおやつ
十二月　こづかい帳、お年玉　一月　時間を大切に
二月　遊びの工夫　　　　三月　整理整とん

四年生の六月号は次のようなものです。

　お願いと約束
いよいよ、プール開きです。次のことは必ず、守ってください。
水着、水泳帽、下着、バスタオル、靴下などの持ち物には、必ず名前を書いてください。特に、くし（女子）などふだん持ち歩かないものは注意してください。
もちろん、いつも持っている物、教科書、ノート、えんぴつ、消しゴム、ハンカチなどもしっかり記名（なまえ）をしてください。（以下略）

また、六年生の七月号は、次のようなものです。

短縮授業になります。自由な時間も増えてきます。家族の一員としてぜひ、手伝わせてください。夏休みになったらもうひとつ増やしてください。働く喜びがわかる子になれるとよいですね。

保護者の心を動かしやすいのは、学校だよりよりも、身近な学年・学級だよりです。これは学年を単位にしたものです。次は学級単位の依頼文です。担任は新学期に協力を依頼する学級通信を出すことが大事です。

学級通信の依頼文―予算生活の実施について

昨年度の最後の母の会において、六年生になったら全員の生徒に予算生活をするようにやらせてほしいということを申し上げました。この七月からは一人でも多く予算生活をやるように、ご配慮をお願いしたいです。

お母さんがこう言ったというわけで、予算生活を自発的に行っていない子もかなりいるようです。学級でもできるだけ予算生活のよい点、陥りやすい悪い点など話し合って、お金の使い方や、やりくりに対する知識を子どもにわからせてゆくわけです。そして、あやまちなく、お金の価値や上手な暮らし方を覚えさせていくわけです。どうか一人でも多く予算生活をやらさせていただきたいです。(以下略)

このように学年・学級に応じた対応がとれる学年・学級だよりは、やはり身近に読まれることでしょう。

次は学級だよりに載せた子どもの作文です。家庭の理解を得るには、予算生活に取り組んでいる子どもの生の声が貴重です。

僕の予さん生活　四年　帯刀誠

ぼくはお母さんから、おこづかいをもらって予算生活を始めました。月の始めにこづかい帳に計画を立てます。

ぼくは習字が好きなので、高等学校の品評会に字をたくさん書いたから、お金がたりなくなって、予さん生活がいやになってしまいました。先生にも、お母さんにもやめると言いましたら、お母さんが研究費としてお金をくれたので、またやることにしました。それから、毎月４００円もらうことにしました。

こんどラジオを作る計画を立てて、貯金をしています。ぼくの小さな金庫の中に１５０円たまっています。３００円かかるのであと50円ずつ貯金して三ヵ月かかると作れるようになるのでたのしみにしています。

今年のお正月は、ぼくのおこづかいで松かざりの折り紙を買いました。兄さんにおねがいして、20円やって僕がいるだけ買ってきてくださいと言ったら、20円みんな買ってきてしまった。

ぼくは安いものでも、いらないものは買わなくてもよいと思った。

ぼくはお母さんたちの買い物に行ってみたくなって、いっしょに行きました。農協でミカンを買った時百匁30円と書いてあった。お母さんはすぐにたくさん買った。今度はマンネムへおかしを買いにいった。ぼくはお母さんに「たくさんの店をみてから買えばよいのに」といったらお母さんが「品物によってねだんがそれぞれちがう」と教えてくれました。

おこづかい帳に使ったお金をつける時は、めんどくさいが、月の終わりに整理する時は楽しいことです。ひと月にどれだけいったかということがわかり、どこが悪かったかということもわかり、この次からどういうふうに気をつけていこうかということが考えられるので、おこづかい帳に正しくつけるということが、ぼくは大切だと思います。

予さん生活は、自分の好きなものも買えるから楽しいことです。


この子はこづかい帳から大切なことを学び取っています。こづかい帳の積極的な理解です。「めんどくさいが、月の終わりに整理する時は楽しいことです。」と記しているところからも読み取れます。一ヵ月の支出金額から、よい点悪い点そして今後気を付ける点などを記し、「おこづかい帳に正しくつけるということが、ぼくは大切だと思います。」と述べており、最後には「予さん生活は、自分の好きなものも買えるから楽しいことです。」と述べています。

誠君の予さん生活を読んで　羽生　修

誠君の予さん生活を読んで僕もさんせいです。毎月自分で計画を立てて、お金を使うのは楽しいことだと思う。誠君がお金が足りなくなって止めようとしたが、お母さんからもらってまた続けたのは、誠君らしいと思う。

誠君がラジオを作る計画を立てて、貯金しているのも偉いと思う。家の人にねだってお金をもらうよりずっと楽しいことです。

安いものでも無駄なものは買わないことも、よいことと思います。お祭りなどに、こづかいをもらって無駄づかい、あとで後悔するが、そんな時、前から計画を立てておけばなんともない。

品物によって、ねだんがちがうのも、難しいことと思う。僕も消しゴムなど買うとき５円のほうが長持ちするか、10円のほうがよいか、わからない。

月のおわりに、こづかい帳をせいりしてどこが悪かったか、はんせいして次の月の始めに気をつけるようにするのはよいことだと思う。

僕も必要な時にお金をもらうので、月ごとにちがってくる。少しぐらい使いすぎても、またもらうからというずるい考えをなくして、五年生になったら僕も予さん生活をしてみたいと思う。

少し古い資料ですが、学級通信に載せた子どもの作文です。読者対象は子どものようですが、学級通信は親も楽しみに読みますから、親への理解も兼ねています。親に子どもの声で予算生活を理解してもらうためでもあるのです。これは親への理解と協力のために必要なことです。

2 母親の研修会

保護者自身が別の保護者に働きかけることは、教師が働きかける場合と異なり、自分たちの代表が活躍するのだからと、その理解と信用は絶大と言えます。またそれだけにその効果も大きいでしょう。教師自身が思いつかない考えや活動が展開される利点もあります。

ここで、学級の保護者が自主的に活動を展開した事例を紹介しましょう。次の事例は「母の会」による母親の研修会のものです。新潟県の佐渡市（当時は佐渡郡）の羽茂小学校では、ＰＴＡの組織のほかに母親だけの「母の会」を組織しており、その母親の研修として、学期末の個人懇談会に集まる機会に、会員に「子どもの予算生活」の理解を深めようと「母の会」が主催して、開催されました。

以下、⑴では、校内の子どもの展覧会に合わせて、特別室「母の部屋」を設けてB紙にマジックで書き展示し、紙上発表したものについて、⑵では会員の前での口答発表について、少し古い資料ですが、紹介していきます。

(1)　紙上発表

子どもの予算生活のさせ方について　　　紙上発表　風間光江・帯刀菊野

動機

１　子どもの無駄づかいが多い

２　金に対する価値を理解していない

これでは大人になってから、自分に即した生活ができないと、受け持ちの先生が一心に指導を始めてくれた。

目的

１　予算生活を確立することにより「自主的な生活態度を身につけ、わがままな性格を矯正し望ましい人格の形成」に役立てたい。

２　金銭の価値に対する正しい認識を持たせ、正しい使い方をおぼえさせたい。

３　数的能力を発達させる。

４　貯金する目的をはっきりさせる。（金銭を上手に使うために）

こづかいを与える方法

予備期間に二、三ヵ月を設けて、子どもの小遣いを調査し、約３００円くらいなら四年生として大体やっていけることがわかり、それに毎月一定の学級費100円を加え、400円ずつ（普通の月）渡すこととした。

問題点・困難点および克服・努力した点

1 予算生活に基礎のできていない子どもだったため、束縛された感じとなり、途中嫌気がさしてきた。

2 子どもに記帳させる範囲に困った。それは先生と相談し子どもが学校に関係して使用するものだけを記入させることにした。

3 お金のよい使い方、貯め方がわかっていないため、面白みが出ず、いろいろ考え、先生とし、金銭に対する正しい知識を与えていただいた。

4 母と子だけでは決してこの予算生活は長続きしない。必ず先生の指導がそこに加わり、金銭教育を家庭と協力し、徹底していただかねばならぬことが分かった。

5 子どもとの話し合いを重視し、問題の解決に努めた。

子どもの声・行動

1 はじめは面倒くさく、お金が足りなくていやだったが、今では貰ったお金が自由に使え高いものでも、自分が欲しいものなら、こづかいを何ヵ月も貯めて一人で買えるので、家の人におねだりして買うのより楽しみがあり面白いから、もっと続けると張り切って居ります。

2 自分の生活を自分で計画し工夫するようになってから、物事も深く考えて行動し、態度がはっきりしてきたと思います。

効果

1　金銭を大切にして無用なことに使わず、何かよいものを買おうと考えるようになってきた。
2　正しい生活を歩もうとし、物を大切にする態度、少ない予算でうまくやっていくことの楽しみを得てきた。こうした心持ちは将来実社会に出て大いに役立つことと喜んでいます。

反省

1　子どもの予算生活を通じて私たち母親も一家の予算生活を計画し、よりよい家庭を作り、生活の向上を図りたいと考えています。
2　子どもに早く金を与えることは危険だという慎重論もあったが、こづかいは自主性が発達した後で与えるよりも、自主性を発達させるために与えるほうがより教育的だと思います。
3　実際の生計をよく認識して、充分な学費をもらう子や、家事のお手伝いもしなくてもよい子どもたちに伍して、分に応じた学校生活を何の引け目もなく遂行できる強い心の人間に作り上げれば、親としてこれ以上の幸福はないと考えます。

当時四年生菊組がこづかいをつけ始めましたのは五月一〇日よりです。四年生は準備段階であり、親はよき助言者となり、五年生くらいより大体一人立ちできるようにすべく、先生も他の学習と並行していつも指導してくれております。本当の効果に見えるのは、これからだと子どもに対し大きな希望を抱き、予算生活をすることを心から嬉しく思っております。

以上をB紙にマジックで書き、展覧会場に掲示したのです。担任が保護者に依頼する時よりも丁寧に説明されているのには驚きます。

この資料では、予算生活を始める目的に言及し、最後は貯金にまで触れており、かなりよく認識されていることがわかります。問題点やその克服に努力した点なども指摘され、最後は子どもと話し合い解決に努めたとあります。子どもが変わってきたことなど効果や反省点まできめ細やかに、母親の立場からかなり具体的に提唱されています。これを読めば、子どもの予算生活がどんなものかが、よく理解できるでしょう。

次は、「母の会」の会員を前に行われた、体験発表の内容についてです。

(2) 体験発表

学級の予算生活について　佐々木フサ

学級全体としての予算生活をまとめてお話します。

最初に、予算生活の動機としまして、「子どもに無駄づかいが多い」「人間に一番関係の深い金銭にはこだわっておりながら、お金に対する正しい知識はほとんど持っていない」、これでは大人になってから一家の経済に即した計画性のある生活はできないと受け持ちの先生が正しい人間づくりのために、一心に指導してくださいました。

目的としましては、「自分の経済生活について正しい考え方の基礎をつくる」「自ら計画し、自ら責任を取り、自ら律するという、自主的な態度を身につけ、わがままな性格を矯正し、たくましい人格の形成に役立てたい」「金銭に対する正しい認識を持たせ、生活を向上させるための、正しい使いをおぼえさせる」等、予算生活をすることにより、正しい経済観念を植え付け、自主性と判断力、計画性を伸ばすことを目的に、現在まで母と子とともに歩んできたのです。

問題点をどう克服してきたかにつきましては、

○「自分のお金では必要なものでも買うまいと一時はけちん坊になってきた。」

○「予算生活に基礎のできていない子どもだったため、束縛された気持ちになって途中嫌気がさしてきた。」

○「お金のため方使い方が分かっていないため、興味がわかず先生と相談し、労働につながる金銭の正しい知識を与えていただいた。」

○「子どもに記帳させる範囲に困った。それは先生と相談し学校や子どもの生活に関係して使用するものだけを記入させることにした。」

○母と子だけではこの予算生活は決して長続きしなく三日坊主に終わってしまう、そこに先生の指導が加わり、金銭教育を家庭と協力し徹底していただかねばならなかった。

○計画と実際の支出は一致しない場合がある。このことを頭に置き、次の計画を立てさせた。こうした種々な問題点は、先生、母親、子供の三者でお互いに話し合い納得しあって解決してきました。

子どもの声や行動としましては、

○始めは記帳が面倒くさく、お金が足りなくて嫌だったが、今では貰ったお金が自由に使え、予定も立ち、高いものでも必ず欲しいものなら、こづかいを何ヵ月分も貯めて一人で買えるので、家の人におねだりもいらず、楽しみがあり面白いから、ずっと続けるんだと張り切っています。

○一時は自分の金は貯めて家の人から買って貰おうとするけちん坊時代もあったがそれを乗り越え、金の正しい使い方を覚え、自分の生活は自分で計画し工夫するようになってからは、物事を深く考えて行動し、態度がはっきりしてきました。

効果としましては、

○金銭を大切にし無駄づかいもしなくなり、何かよいものを買おうと考え、生活のすべてに計画性が出てきた。

○始めは、ただ予算を多く貰えばよいものと要求してきた子どももこの頃は一家の経済をわきまえ、自分の生活に合致しただけの額より多くは要求せず、やってみたら「こんなにいらないから、今月は50円減額してもよい」などと、子どもたちはこづかいを自ら使う経験を通して自主的な生活態度を表すようになってきた。
○人間の性格上、忍耐・欲求・自制等の訓練になった。
○お金の価値が分かり、働く子どもが生まれると同時に、自分の物品を大切に使うことから公共物を大切にするようになった。
○正しい生活を歩み、少ない予算で上手にやりくりしてゆく事の楽しみを体得してきた。
○上手な買い物の知識がつき、貯金も生み出すようになって来た。
○こづかいをまったくねだらなくなった。
○20円、30円と毎日のように金を出してやる手数がいらず、学級費など必要なとき、自分の予算より出すので、予算さえ与えておけば、度々金を出してやる心配がいらなくなった。
○子どもに与える金が決まっているので家計の予算も立って都合がよい。

等の効果があげられます。

こづかいを与える方法としましては、どの様にして与えたらよいかは、予備期間、二、三ケ月を設けて子どものこづかいを調査し一家の経済や学年に応じた額を与えるのがよいでしょう。まとまった金は農家には無いとおっしゃる方もいられるかと思います。一回に無理なら子どもと話し合いで二回三回と分割してやってもよいのです。予定を立てないで、不定期に小銭をちょいちょい与えることは、集計してみれば予算生活をさせないよりきっと多額の金を浪費させ、不規則なわがままな子を作るもとになると思います。

学級費、給食費まで全部予算に組んで与える方法とそうした諸経費は抜いてただおこづかいだけ与える方法と種々あります。子どもの性格や家庭の経済によって額は違いますが、現在六年生でおこづかいだけの場合は一ヵ月150円から200円位、定期の諸経費全部とこづかい雑誌代まで含める場合は、一ヵ月500円から600円で足りる様です。その他、ソロバンにでも通う子どもさんはその代金も含めて与え、子どもの生活を味のある楽しいものにすることこそ親の責任だと考えます。

子どもとの約束は経済の許す限り必ず守り、親の考えでお金の使い方を決めず、子どもが喜びそうな使い方を共に考えてやることです。

反省としましては、子どもの自主性を発達させるために、予算生活はなるべく早くやらせ、あまり子どもを束縛せず、こづかいを与えたら後は子どもに自由に使わせ、その結果をこづかい帳を通して必要な助言をし、私たち母親も一家の予算生活ができるように（母親に、ある一部だけ自由にさせて貰い、せめて子どもたちに与えるお金位は母の権利を持ちたいものです）計画し、よりよい家庭を作り生活の向上を図ると共に、子どもに実際の生計を認識させ、よい服を着て充分な予算を貰う子や、何の手伝いもしなくてもよい子どもたちに伍して、分に応じた学校生活を何の引け目も無く遂行できる強い心の人間に作りあげるべく努力したいものです。

ですから予算生活は村の特徴である意思の無い他人任せな子どもを、自主性と計画性に富んだ強い人間に作りあげるため、きっと役に立つものと確信し、できうることなら全校こぞって歩みを同じにしたいものと願っております。

　けれども、そこには大きな問題があります。「子どもにお金は使わせない、ねだらなければ与えまい、ただ貯めさせよう」とする人たちのそこを流れる根強い考え方と、「上手にお金を使うことをおぼえさせよう」とするお母さん方の考えはどこかで衝突するかも知れません。

　問題の起こるのを恐れては進歩いたしません。問題解決の方法を考えていくこと自体が教育の問題でありますから、今までの古い考えを新たにするためにこの予算生活を通して、村全体の向上する場であると考え、お母様方も先生方もがんばっていただきたいものです。

　六年生も予算生活最後の仕上げに、先生と力を合わせ、役立つ社会人を作る為により立派なものにしたいと願っております。

　詳しい方法など必要な事柄は、たくさんありましょうが、分からない点お聞きしたいことなど、いままで実際指導に当たってこられました先生にお聞きしてくださいませ。


　これは、女の子の母親の発表です。目的から問題点の克服方法まで丁寧に述べられています。子どもの声や行動も述べております。さらには実施方法、自主性を発揮させる効果まで述べています。指導した母親の声ですから、その効果も大きいことでしょう。

　次は、男の子の事例を紹介しましょう。

自分の子どもがやっている予算生活について　金津幸子

予算生活を始めるようになった動機としましては、ただ子どもにお金がいる、困る、というばかりでお金の正しい動き方が少しも分かっていない。先生のお話を聞くたびにお金は計画的に使わなければならないということの必要さが身にしみてきました。

時に苦しいこともこづかい帳にきちんとつけなければならないし、面倒なこともありますが、予算生活はこういう苦しい中をきりぬけることによって、心も体も強い人間になるようにと始めました。子どもも学校で必要なお金をもらうにも、家の経済を考えて、なかなか言い遅れて、朝お父さんが仕事に出てしまってから、わたしにそっと話します。家にちょうどお金がないようなときは近所へ出て、お願いして学校でいる日は間に合わせて持たせてやります。

割合に内気なので、この予算生活を通じてどこか芯のある子に導きたいと先生のお話にわたしも心を打たれ、お父さんに話したところお金の要ることだったため、家でも毎日のようにお金がいるから、余分なお金を持たせることは無駄づかいするだろうといって、なかなか承知してくれなかった。私も困って、その必要性をよく話して納得してもらい、やらせていただくことになりました。

私の家は農業なので、毎日決まった現金収入がありませんから、毎月三日に250円、十五日に250円やって計500円の予算を立てさせ、足りない月は足してやることにしました。

学校学級費280円、学習費50円、菓子遊び20円、研究費20円、図書費30円、貯金50円その他50円と計画を立てさせました。このように予算生活というもの始めはきゅうくつで、面倒で、いやになったりするようなことがあっても、長くやっているうちに、何に一番お金を使ったか、またこの月は何々にお金をいれようと考え、分からない時は先生や私に聞いてはっきりつける、そして、月の終わりに整理するときは、楽しいことだと思います。

本当に自分の所有するお金だとなれば子どもは大切にして計画通りに使っております。そしてこんなことは月給取りの家庭だけ必要だ、農家には用はないと考えないで、米の売り上げから肥料、農薬アブラ紙など差し引いて後どれだけ残るか、百姓の働くお金は安くどうしても家庭経済（いくらにもならない事を調べ）に対する理解を深めることがまず最初大切なことを子どもによく言ってきかせました。

子どもの頃から収入と支出に対する関心を深め、暮らしに対して計画性を持たせ、見通しを立たせることが大切なことと思います。こういうことは百姓の生活だけではなく、すべての家の生活に当てはまると思います。

たまによその人から金をいただいたような時は、少しは持たせてやって、そのお金であまり高くない雑誌を買ってやります。

夏休みにはどうしても読んでみたい本がある。その本は『コタンの口笛』という本で、本を買うお金が予算の中から出すことができないので、どうして買うかと相談していると、先生から学校の図書に買って入れてあると聞き、喜んで、これで３００円あまり助かりました。

今までより変わったことは、母と子の話し合いができるようになったことと、知らず知らずと勉強の値打ちも出るような気がいたします。夏休みには研究費に１００円ぐらい出して、これをどういうところへ使うかと考えております。四・五・六年と文集の中にみんなが自分のお金となれば大切に使わなければならないということがよく出ています。

ノートや鉛筆も大切に使うようになるし、また、趣味としての切手を売り出すそうで、お金が足りないといって30円増してやりました。

この頃では子どもは生き生きとして張り合いがあり、中学へ行ってもずっとやめないでやってみたいと言っております。私もこんなに子どもが喜ぶことなら無理してもやらせてよかった。これもみんな先生のおかげだと心から喜んでおります。

一家揃ってお金の使い方を工夫してきたが、明るい家庭に築き上げたいと思います。

男の子の事例は、「強い人間を求めて」と動機を説明しています。農家では定期的な収入がないだけに、母親は父親を納得させて子どもに予算生活を始めさせました。毎月現金収入のない農家での予算生活の苦しさが偲ばれますが、母親の信念で父親を納得させての実施です。家庭内の会話も増えたとあります。子どもの変化にも触れています。研究費や趣味の切手集めなど、今までには見られない生活を創造しています。

ここでは、二つの事例を紹介しました。どちらも予算生活に期待する母親の考えや子どもの予算生活が読み取れる事例です。これは教師が説明し、依頼する以上に、母親にとっては効果の大きい研修会になっています。なぜならば、直接母親の声による研修会であるから……。

注１　『金銭教育―自分の考えで行動できる子の育成』高浜市立吉浜小学校　一九九一年　六六頁

著者紹介

昭和 25 年　愛知第二師範学校卒業
昭和 28 年　愛知学芸大学卒業
昭和 31 年　名古屋大学大学院修士課程修了

主な職歴
昭和 31 年　新潟県佐渡郡羽茂小学校　教諭
昭和 34 年　蒲郡市立蒲郡南部小学校　教諭
昭和 42 年　蒲郡市立形原北小学校　教頭
昭和 52 年　蒲郡市竹島小学校　校長
昭和 55 年　蒲郡市教育委員会学校教育課長
昭和 57 年　蒲郡市立中央小学校　校長
平成元年　退職

著　　書　『子どもの金銭教育』黎明書房　昭和 60 年
自費出版　『真真が語るインドの小学校教育』　親和プリント　昭和 58 年
　　　　　『子どもの生き方を育てる通学団活動』　親和プリント　昭和 62 年
住　　所　〒 445-0002　西尾市新村町 437

子《こ》どものこづかいの指導《しどう》

2019 年 2 月 1 日　初版発行

著　者　齋《さい》藤《とう》勝《かつ》通《ゆき》
発行者　武馬久仁裕
印　刷　株式会社 太洋社
製　本　株式会社 太洋社

発行所　株式会社 黎《れい》明《めい》書《しょ》房《ぼう》

〒 460-0002　名古屋市中区丸の内 3-6-27　EBS ビル　☎ 052-962-3045
FAX052-951-9065　振替・00880-1-59001
〒 101-0047　東京連絡所・千代田区内神田 1-4-9　松苗ビル 4 階
☎ 03-3268-3470

落丁本・乱丁本はお取替えします。　ISBN978-4-654-02310-3